돈이란 무엇인가

THINK MONEY. THINK LIFE.

돈이란

궁극의 사치를 향한
7가지 돈의 교양

무엇
인가

이즈미 마사토 지음
장현주 옮김

오리진
하우스

'돈'이란 무엇인가? 이 심플한 명제를 현시대의 시점에서 바라보고자 하는 것이 본서의 모든 것이다.

돈의 탄생은 인류 역사에 커다란 패러다임의 전환을 가져왔다. 그리고 돈이 '매개물'로서의 역할이 커짐에 따라 우리의 생활과 돈의 관계는 급속히 가까워졌다.

현시대에서 생활과 돈은 이제 떼려야 뗄 수 없게 되었다. 생활의 모든 면에서 무언가를 선택할 때 '돈'은 커다란 영향을 미치고 있다. 쇼핑, 주거, 일, 이동수단, 시간을 보내는 방법, 그리고 인간관계마저도….

돈이 단순히 물물교환을 도와주는 존재였던 시대에는 한정된 생활권 또는 가정 내의 로컬 룰만을 알고 있으면 돈을 충분히 다룰 수 있었다. 그러나 급속하게 진행되는 글로벌화는 경제를 복잡화·고

도화 시켰을 뿐만 아니라 '돈'의 본질에도 커다란 지각변동을 초래
했다. 돈이라는 것의 본질을 로컬 룰만으로 파악하고 있어서는 조
만간 이 지각변동에 집어 삼켜질 것이다.

하지만 이 '돈'이라는 것의 본질에 대해서 지금까지 얼마나 많이
논의되었다고 생각하는가? 금융공학이나 경제학이 발전한 현대에
서도 '돈' 그 자체의 본질에 대한 논의는 거의 되지 않았다. 돈이 통
화라는 영역을 넘어 단순한 수치數値가 되고 있는 지금, 그 수치가 의
미하는 바를 정의할 필요가 있지 않을까? 이것이 이 책을 쓴 거짓
없는 동기이다.

이 책은 현대 사회에 빠뜨릴 수 없는 도구인 '돈'에 대해 그 본질
은 무엇인가를 묻고 '돈'이라는 축으로 사회구조를 다시 파악하고
자 하는 목적으로 썼다. 파이낸셜 아카데미라는 학교를 통해서 15
년, 개인적인 체험을 포함하면 20여 년. '돈이란 무엇인가?'는 나에
게 있어서 최대의 명제였다. 그리고 지금까지 39만 명이 넘는 수강

생을 봐온 결과, 확신하고 말할 수 있다.

'돈'이라는 축을 통해서 자기 자신을 중립적으로 볼 수 있게 된다면 타책他責에 의한 불평불만이 없어지고 자신을 객관적으로 컨트롤할 수 있게 되어 스트레스 없는 인생을 보낼 수 있다.

'돈'이라는 축을 통해서 신용경제의 본질을 알게 된다면 눈앞의 수입을 늘릴 수 있을 뿐만 아니라 사회에 커다란 영향을 주는 인재가 될 수 있다. 그리고 각자가 '돈'이라는 축을 통해 세상을 파악하게 되면 겉으로 드러난 많은 사회문제를 제거하여 바람직한 미래를 만들어 갈 수 있을 것이다.

'돈'은 이제 통화가 아니다. 자신과 사회의 진실을 알기 위한 도구이다. '돈'을 축으로 자신과 사회를 중립적으로 파악하고 결과를 받아들일 때, 돈은 진실을 알기 위한 가장 좋은 도구가 될 것이다.

생활이나 삶과 떼려야 뗄 수 없는 것임에도 불구하고 의무교육에서 그 취급 방법을 배운 적이 없었던 '돈'. 모든 독자가 이 책을 통해 돈의 본질을 깨달아 돈을 대하는 방법, 세상을 파악하는 법에서 흔들리지 않는 지침을 구축하고 시야가 밝아져 인생을 더욱더 즐기는 사람이 되는 것이 나의 바람이다.

그럼 '돈이란 무엇인가?'라는 심플하지만 새로운 질문에 대한 문을 열겠다.

차례

일러두기

1. 본문 사례에 나오는 엔화는 편의상 원화로 환산(100엔=1,000원)하여 표기하였다.
2. 한글 전용을 원칙으로 하되, 필요한 경우 원어나 한자를 병기하였다.
3. 외국의 인명, 지명 등은 국립국어원의 외래어 표기법을 따랐다.
4. 독자의 이해를 돕기 위해 옮긴이와 편집부가 각주를 달았다.
5. 인용된 책이나 논문 제목은 임의로 번역하되,
   한국어로 번역이나 출판되었을 경우 국내 제목을 덧붙였다.
6. 사용된 기호는 책은 『 』, 신문, 논문은 〈 〉로 하였다.

제1장

돈은 신용을
가시화 한 것

돈이 있는 것과 행복하지 않은 것과의

인과관계를 만들어 내는 것은

분명 그 사람 자신이다.

돈은 죄가 없다.

돈이 있어서 행복한 사람은

예외 없이 돈으로 살 수 없는

풍성함을 얻기 위해

도구로서 돈을 활용하고 있다.

행복도를 결정하는 것은

돈의 많고 적음이 아니다.

자신의 마음가짐과 돈을 대하는 자세이다.

1

돈은 이제 단순한
'수치'에 불과하다

조개껍데기에서 시작된 '돈'은 지폐와 동전의 시대를 거쳐 지금은 '수치'로 바뀌어 가고 있다. 물론 지금도 지폐나 금속 화폐가 일상생활에 빼놓을 수 없는 '돈'의 형태인 것은 사실이다. 그러나 그것은 우리가 보유한 전체 자산 중 극히 일부에 지나지 않는다.

불과 50년 전의 부자는 많은 지폐와 동전을 보유하고 있었다. 튼튼한 금고에 넣어 두는 것이 일반적인 광경이었다. 때문에 '금고지기'라고 불리는 직업까지 있었다.

> "오늘은 자네들한테 놀림을 당하러 온 거나 다름없다는 생각이 드는군. 아무리 내가 촌놈이라도…… 이래 봬도 시내 전차 주식을 60주나 갖고 있다네."

"거 얕보지 못하겠군. 난 그 주식을 888주 반을 갖고 있었는데 안타깝게도 벌레가 갉아먹어서 이젠 반 주밖에 없네. 자네가 조금 더 일찍 도쿄에 왔더라면 벌레 먹지 않은 주식을 한 10주 정도 줬을 텐데, 아쉽게 됐네."

이것은 나쓰메 소세키夏目漱石[1]의 『나는 고양이로소이다』[2]의 한 부분이다. 메이지 시대(1868~1912년) 말기에는 주식 투자도 현장의 '주식' 거래가 중심이었다.

하지만 지금은 어떤가. 은행 예금을 봐도 통장이 없는 인터넷 뱅킹이 일반적이다. 물건을 살 때도 신용카드나 전자머니가 일상에서 사용된다. 항공회사의 마일리지나 카드의 포인트 등 범용성이 넓은 포인트의 '현금'화도 진행되고 있다.

비트코인[3]을 필두로 국가에 의한 신용이 보장되지 않는 통화도 등장하고 있다. '가상 통화', '디지털 통화'라고 불리는 이것들은 인터넷을 통해 세계에서 유통되고 있다. 지폐나 동전을 발행하지도 않고 신용을 보장하는 국가도 없으며 유통을 관리하는 사업 주체도 없다. 미국의 달러, 일본의 엔 등 현실 통화와의 교환은 웹상의 거래소를 통해 행해지고 있다. 이런 형태의 것까지 세계 공통의 '통화'

---

1   1867~1916, 소설가이자 영문학자, 문학 평론가. 2004년까지 일본의 1천 엔권 지폐 속 인물.
2   나쓰메 소세키가 발표한 장편소설. 그의 처녀작이자 출세작. 1905년 1월부터 1906년 8월까지 잡지『호토토기스(ホトトギス)』에 연재하였고, 1905년 10월부터 1907년 8월까지 전3권으로 간행.
3   디지털 단위인 비트와 돈을 뜻하는 코인의 합성어로, 전 세계 어디에서든 누구에게라도 즉시 지급할 수 있는 디지털 화폐를 뜻함.

로서 사람들 가운데 침투하기 시작했다. 현대 사회에서 '부자'라고 불리는 사람들이 가지고 있는 것의 대부분은 브라우저상에 표시된 단순한 '수치'에 지나지 않는다.

내 평소의 생활을 보더라도 예금 잔액을 확인하기 위해 은행으로 통장정리 하러 가는 일은 거의 없어졌다. 컴퓨터나 스마트폰의 화면으로 확인하는 경우가 대부분이다. 또 현금보다 신용카드나 전자머니로 물건을 구매하는 경우가 압도적으로 많다.

'돈'이 지폐나 동전이라는 '물질'에서 단순한 '수치'로 변하고 있다. 이것은 조개껍데기가 지폐나 동전으로 변모한 것에 필적할 정도의 '돈'의 역사적 변화라고 할 수 있다.

돈을 취급하는 것은
수치를 컨트롤 하는 것

'돈'의 형태가 단순한 '수치'로 변하고 있는 지금 우리가 터득해야 할 기술은 지폐나 동전의 취급법이 아니다.

월급날이 되면 은행에 가서 ATM을 조작하여 돈을 찾는다. 그리고 음식점에서 더치페이 할 때 지폐 몇 장을 테이블 위에 놓는다. 봉투에 지폐를 넣어 설날 세뱃돈으로 준다. 이런 모습은 해가 갈수록 줄어드는 것이 자명한 이치이다.

지금은 결혼식 축의금이나 장례식 부의금을 봉투에 '지폐'를 넣어 주는 것이 주류이다. 그리고 축하할 때는 신권으로 부의금은 접힌 자국이 있는 지폐를 넣는다는 독특한 예의가 존재한다. 지폐 그 자체가 가진 가치는 신권이든 구권이든 같은데, 생각해 보면 몹시 기이한 관습이다. 이런 관습도 50년 정도 지나면 '역사상의 괴이한 관습'으로 미디어에서 재미있게 소개될지도 모른다.

　아이에게 '전자머니는 돈의 고마움을 느끼지 못하니까 사용하지 못하게 한다'라고 말하는 부모가 있는데, 이러한 돈의 역사적 변화를 고려하면 올바른 가르침이라고 할 수 없다. 지폐와 효과라는 실물 자산의 취급 방법만을 배우다가 어른이 되어 경제 사회에 발을 들였을 때, 과연 '돈'이라는 수치를 능숙하게 다룰 수 있을까? 어른도 신용카드를 사용할 때는 대담해져서 돈을 낭비하는 사람이 가끔 있는데 이것도 '신용카드'라는 눈에 보이는 직사각형 사물을 돈의 대체물이라고 착각하기 때문에 일어나는 현상이다. 돈이라는 것을 물질로써 파악하는 것의 폐해라고 할 수 있다.

　앞으로의 시대는 물질로서 '돈'을 취급하는 방법뿐만 아니라 수치로서 '돈'을 컨트롤하는 방법을 배우는 것과 가르치는 것이 중요하다. 이 돈 '형태'의 역사적 변화를 깨닫지 못하고 지갑에 들어 있는 지폐나 신용카드의 취급 방법에만 의식이 있어서는 미래의 가능성을 크게 펼치기는커녕, 시대의 변화 물결 속에서 눈치를 채지 못하는 사이에 익사할지도 모른다.

② 돈은 신용을 가시화 한 것

그런데 '돈'이 단순한 수치라고 한다면 그 수치 자체가 가리키는 것은 결국 무엇인가?

답은 명쾌하다.

그 수치가 가리키는 것은 '신용'의 크기이다.

돈이란 '신용을 가시화한 것'이고, 신용은 '돈'에 의해 가시화된 것이다. 이 사실은 '돈'의 본질을 아는데 가장 중요한 포인트라고 할 수 있다. 그 하나의 상징이라고 할 수 있는 것이 앞에서 예로 들었던 신용카드이다.

크레디트 카드의 맹아는 1950년대 미국에서 싹텄다. 그 탄생에 입회한 것이 미국의 전통 있는 신용카드 회사인 다이너스클럽이다. 오랜 전통이 있는 백화점 창업자의 손자이자 다이너스클럽의 창업자 중 한 사람인 알프레드 블루밍데일은 자신이 자주 식사를 하러 가던 레스토랑에서 단골손님이 외상으로 식사하는 것을 보고 '부자가 외상으로 식사할 수 있다면 잠재고객이 될 텐데'라고 생각했다. 이 '돈이 있는 사람이라면 외상으로 물건을 사도 나중에 지불할 수 있을 것이다'라는 '신용'이야말로 현대 크레디트 카드의 원점이 된 것이다.

크레디트 카드라는 말은 이미 사회에서 익숙하게 사용되는데, '크레디트'라는 단어를 직역하면 '신용'이다.

크레디트 업계에서는 사회인의 경제적 신용을 '신용 정보'라고 부른다. 신용 정보기관에서는 크레디트 카드나 할부 금융, 주택담보대출, 카드 현금서비스 등의 이용 잔액, 상환 이력 등 신용이력(크레디트 히스토리)을 각각의 기관에 의해 수집되어 관리, 공유하고 있다. 다시 말하면 당신의 신용도 편차치[4] 같은 것이 '크레디트 스코어'로서 신용 경제 가운데 공유되고 있다는 것이다.

이 책을 읽고 있는 현명한 독자라면 이미 인식하고 있을 것으로 생각하는데, 크레디트 카드는 결코 '돈을 낳는 마법의 카드'가 아니다. 크레디트 카드 탄생 경위에서도 볼 수 있듯이 크레디트 카드는 원래 그 소유자의 신용과 세트로 존재하는 것이다.

---

4   개인의 학력 등에 대한 검사 결과가 집단의 평균치에서 어느 정도 떨어져 있는가를 나타내는 수치.

'신용'이란
대체 무엇인가?

'돈'이 물질에서 수치로 모양을 바꿔 가는 사회에 있어서 크레디트 카드를 필두로 '신용'이 인생에 초래하는 영향은 점점 커질 것이다.

신용이 있으면 그 사람이 취급할 수 있는 돈이 많아지고 신용이 적으면 취급할 수 있는 돈은 적어진다. 지금까지는 어느 대학을 졸업했는가 하는 '학력'이 중시됐지만, 앞으로는 돈을 어떻게 사용했는가 하는 '액력額歷'이 중시되는 시대가 될 것이다.

취급할 수 있는 돈의 양이 많다는 것은 즉, 인생이 더욱 자유로워진다는 것이고 취급할 수 있는 돈의 양이 적다는 것은 인생의 자유가 감소한다는 것이다. 신용사회에서는 신용도의 높고 낮음이 인생의 자유와 직결된다.

"저 사람은 신용이 있어", "저 사람은 신용할 수 없어" 등 '신용'이라는 말은 일상생활의 대화에서도 자주 사용된다.

그럼 '신용'이란 대체 무엇인가?

어학사전에 의하면 '① 틀림없다고 믿어 의심치 아니함 ② 지금까지의 행위로 봐서 앞으로도 잘못을 일으키지 않을 것이라고 신뢰하는 것'이다.

예를 들면 A씨가 지인 B씨에게 돈을 빌려줬다고 하자. A씨가 B

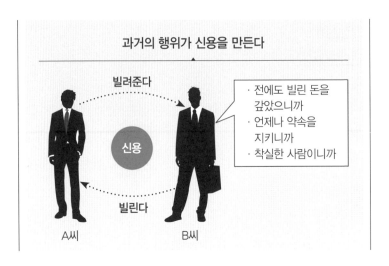

씨에게 돈을 빌려줄 수 있는 것은 신용이 있기 때문이다. '전에 돈을 빌려줬을 때, 약속한 날짜에 돈을 갚았으니까', '언제나 약속을 지키니까', '착실한 사람이니까' 등 지금까지의 거래가 있었기 때문에 돈을 빌려줄 수 있는 것이다. 길에서 만난 전혀 모르는 사람이라면 상당한 호인이 아닌 이상 돈을 빌려주지 않을 것이다.

즉, 과거의 행위가 신용을 만드는 것이다.

프로야구 다나카 마사히로田中將大 투수가 뉴욕 양키즈에 입단했을 때의 연봉은 7년 계약으로 약 1,667억 원이었다고 한다. 이 정도의 연봉을 받는 것은 다름 아닌 지금까지의 실적에 의한 신용의 결과이다.

시급 10,000원의 C씨와 시급 12,000원의 D씨의 차이는 신용도의 차이다. 나도 회사 경영자이기 때문에 느끼는데, 급여는 신용의 크기 그 자체이다. 회사의 경영자나 상사가 C씨는 1개월에 250만 원 만큼의 일을 해 줄 것이라고 '신용'하고, D씨는 1개월에 500만 원의 일을 해 줄 것이라고 '신용'하면, 그것이 급여의 차이라는 '결과'가 된다. 지극히 단순하다.

열심히 해도
보답받지 못하는 이유를 깨닫는 날

내가 '돈이란 무엇인가'를 깊이 의식하게 된 것은, 20년 전에 있었던 사건이 계기가 되었다.

당시 경제적으로 힘든 상황 속에 있던 나는 당장의 생활을 위해 필사적으로 일했다. 매일 아침부터 밤까지 일했고, 도쿄에서 건축한 지 50년 정도 된 월세가 싼 집에 살며 자유가 없는 생활을 하고 있었다.

언제나 '인생에서 중요한 것은 돈이 아니야. 하고 싶은 일을 할 수 있느냐가 더 중요해'라고 생각했다. 그러나 월말이 되면 항상 돈이 부족하게 되고 '돈 문제에서 해방되고 싶어'라며 현실을 마주하게 되었다.

'인생의 꿈은 좋아하는 일을 하며 행복하게 사는 것', '인생에서 중요한 것은 돈이 아니야'. 그렇게 허세를 부리면서도 돈에 묶여 있던 나. '꿈을 이루기 위해서는 열심히 하면 돼. 열심히만 하면 언젠가 꿈을 이룰 수 있을 거야'라고 생각했지만 아무리 열심히 해도 수입이 늘지 않는 현실. 언제나 이 모순과 싸우고 있었다.

그런 모순과 답답함에 발버둥 치던 어느 날, 안개가 걷히듯 이해가 되었다. '꿈'과 '돈', 따로따로 보였던 2개의 퍼즐이 하나로 연결된 것이다. 그 퍼즐을 연결해 준 것은 '신용'이었다.

③
수입은 신용을
수치화 한 것

　　독자 중에도 '매일 늦게까지 잔업을 하는데 회
사에서 인정받지 못해', '같은 회사에서 오랫동안 근무하고 있는데
급여가 오르지 않아'라며 욕구 불만이 쌓여 있는 사람이 있을지도
모르겠다.

　　한창 고도 경제 성장 중이었던 1960~1970년대는 열심히 하면 그
만큼 수입을 얻을 수 있는 시대였다. 나라 전체의 경제가 성장하고
있다는 상황은, 말하자면 국민 전체가 올라가는 엘리베이터에 타고
있었던 것이다. 열심히만 하면 매년 수입이 올랐고, 다 올라간 후에
는 정년퇴직이라는 인생의 층계참에 도착했다. 열심히 하는 것이
그대로 돈, 즉 수입으로 연결되고 유유자적한 노후로 연결되었다.

　　그러나 지금은 다르다. 호송선단 방식[5] 의 시대는 종언을 고하고
연공서열은 거의 붕괴했다. 열심히 해도 수입이 오르지 않는다. 열

심히 하는 것만으로 회사에서 좋은 평가를 받고 근속 연수와 함께 수입이 오르는 만만한 세상이 아니다.

이런 시대이기 때문에 '수입은 신용을 수치화한 것'이라는 것을 항상 명심해야 한다.

좋은 결과를 내는
사람의 수입이 올라가는 것은 필연

'열심히 하는데 좋은 평가를 받지 못해' 이 논리는 회사 측의 경우에서 생각하면 몹시 일방적인 주장인 것을 알 수 있다. 왜냐하면 회사 차원에서는 그 이유만으로 급여를 올려 줄 수 없다.

생각해 보면 당연한 일이다. 회사 차원에서도 직원이 열심히 하는 만큼 매출이 늘고 이익을 얻는다면 문제없지만 지금 시대는 그렇게 만만하지 않다. '열심히 하는 것'을 심정적으로 평가하지 않는 것은 아니지만 그렇게 해서 회사 전체가 침몰한다면 본말전도다.

그러나 어떤 회사든 결과를 내는 사람은 급여가 오를 것이다. 프로 스포츠 선수는 결과를 내지 않으면 수입이 오르지 않는다. 누구나 그것을 당연하다고 여긴다. 그리고 프로 스포츠 선수가 수입을

---

5   일본 행정 수법 중 하나. 특정 산업에서 가장 힘이 없는 기업이 낙오하지 않도록 감독관청이 그 산업 전체를 관리 및 지도하면서 수익과 경쟁력을 확보하는 것. 특히 제 2차 세계 대전 후 금융 질서 안정을 꾀하기 위해 시행된 금융 행정을 가리킨다.

올리기 위해서는 '열심히 하고 있다'라는 사실만으로는 부족하다. 거기에는 '결과'가 꼭 필요하다. 매일 배트를 1,000번 휘두르는 것이 평가를 받아 수입이 올라가는 것은 아니다.

수입이 높은 프로 스포츠 선수는 능력이 출중한 사람이다. 광고 출연료가 높은 탤런트는 시청자에게 인기 있는 사람이다. 보수를 많이 받는 경영자는 경영 능력이 탁월한 사람이다. 직장인의 경우도 이것과 같은 원리로 생각해 보면 매우 간단하다. 일해서 수입을 얻는다는 것은 그 일에 프로라는 말이다. 즉, 프로 스포츠 선수가 기술에 의해 결과를 내고 수입을 얻는 것과 마찬가지로 직장에서 급여를 받는 사람은 직장인으로서 일의 프로라는 말이다. 자기 일에 대한 기술을 살려서 회사의 실적을 높이는데 공헌하는 대신, 급여라는 형태로 수입을 얻는다.

늦게까지 잔업으로 많은 시간 일하며 '열심히 한다', 고객과 만날 약속을 잡기 위해 늘 전화를 하며 '열심히 한다'. 그렇지만 수입은 늘지 않는다. '이렇게 열심히 하는데 회사는 조금도 알아주지 않는다' - 이런 식으로 불만스럽게 생각하는 사람이 있다면 거기에는 '결과를 낸다'고 하는 사고가 빠져 있는 것이다. 결과를 내면 수입은 확실히 늘어난다.

'지금의 회사는 완전 연공서열제⁶니까' 혹은 '내가 아무리 열심히 해도 급여 시스템이 오르는 시스템이 아니야'라고 생각하는 사람이 있을지도 모른다. 그러나 걱정할 필요 없다.

당신이 일에서 창출한 가치보다 수입이 낮다면 다른 회사에서 스카우트하거나, 쉽게 이직移職할 수 있어 수입이 오를 것이다.

만약 지금의 회사에서 적정한 평가를 받지 못한다고 생각된다면 시험 삼아 이직 활동을 해 보면 좋을 것이다. 이직 활동은 자신의 정확한 시장 가격을 알기 위한 가장 좋은 방법이다.

덧붙여 정말로 수입 이상의 경제적 가치를 제공하고 있는데 수입이 오르지 않는다면 당신이 이직할 수 있다는 생각을 회사에 알린다. 그러면 회사는 '급여를 올려 줄 테니 그만두지 말아 달라'고 만류할 것이다. 현재 하는 일이 영업처럼 직접 매출을 올리는 일이 아니라고 해도 말이다.

아르바이트라고 해도 이 원리는 변하지 않는다. 만약 당신이 시급 10,000원이 넘는 일을 하고 있다면, 채용 조건에 '승급 없음'이라고 기재되어 있더라도 급여가 오를 가능성이 크다. 급여를 올려도 그 이상 회사에 이익을 가져다 준다면 급여를 올려주지 않을 이유가 없기 때문이다.

이러한 관점으로 상황을 파악하는 것을 나는 '양면사고兩面思考'라고 부른다.

일본의 북오프BOOK OFF 코포레이션의 사장인 하시모토 마유미橋本

---

6   근속 연수가 긴 구성원을 승진과 보수 등에서 우대하는 인사 제도.

真由美를 아는가?

탤런트 시미즈 쿠니아키淸水国明의 누나로서도 유명한데, 그녀는 처음에 딸의 학비를 벌기 위해 북오프에서 아르바이트로 일했다. 당시의 시급은 6,000원이었다고 한다. 영양사 자격증을 가진 하시모토는 칼로리 계산과 학부모회 활동 정도밖에 한 적이 없는 평범한 40대의 주부였다고 한다. 그런데도 당시의 헌책방에서는 있을 수 없는 서서 읽기 가능, 여성들이 들어오기 쉽게 청결함이 느껴지는 점포, 책을 작가 이름순으로 진열하기 등 아르바이트지만 계속되는 제안으로 압도적인 신뢰를 얻어 갔다. 그리고 1년 4개월 후에는 아르바이트라는 고용 형태를 유지한 채 점장으로 발탁된다. 이후 '아르바이트로는 노동 시간에 제약이 있다. 더욱 마음껏 일하고 싶다'라는 이유로 정사원이 되었다고 한다. 아침 9시부터 저녁 5시까지가 정규 근무 시간임에도 불구하고 아침 9시부터 다음 날 아침 5시까지 정신없이 일하는 날도 자주 있었다고 하는데 그런 활약과 회사를 급성장으로 인도한 제안이 평가를 받아 이사, 상무를 거쳐 결국에는 창업자의 뒤를 이어 사장에 취임했다.

이처럼 긴 안목으로 보면 수입은 반드시 자신이 제공한 가치와 연동한다. '이 사람은 얼마의 가치를 가져와 주었는가'라는 결과가 수입이 되어 자신에게 돌아오는 것이다.

결과에는 그 결과에
이르게 한 원인이 있다

그리고 결과에는 반드시 그 결과에 이르게 한 '원인'이 있다는 것을 잊어서는 안 된다.

스포츠 선수가 올림픽에서 메달을 땄다면 그 원인은 명백하다. 보통이 아닌 트레이닝, 그리고 보통이 아닌 강한 멘탈, 높은 동기라는 원인이 있다. 그로 인해 메달 획득이라는 결과를 낳은 것이다.

앞에서 언급한 다나카 마사히로 투수도 그렇다. 그가 천재이기 때문에 신용을 얻어 7년에 1,667억 원이라는 엄청난 연봉을 받는 것이 아니다. 그만큼 실적을 낼 수 있는 노력을 해왔다는 원인이 있고, 앞으로도 그런 노력을 해 줄 것이라는 신용이 있기 때문에 1,667억 원이라는 연봉을 받는 것이다.

같은 아르바이트라고 해도 시급 7,530원과 시급 12,000원이라는 결과의 차이도 틀림없이 평소 일솜씨가 원인인 것이다. 이런 경험을 해본 적 없는가?

음식점에서 주문하려고 점원을 불렀다. 계속해서 주문을 하는데 내 얼굴은 볼 여유도 없이 전표에만 받아 적는다. 그리고 매뉴얼대로 주문을 복창하고 주방으로 사라졌다. 약간의 불안감으로 음식이 나오기를 기다렸는데 역시나 주문한 것과 다른 음식이 나왔다. 음식점에서 주문을 받거나 편의점에서 계산하는 시간은 대부분 불과 수십 초, 길어야 수 분이다. 그러나 많은 사람은 이 불과 얼마 안 되는 시간에 좋은 인재인지 그렇지 않은 인재인지를 분명히 느낀다.

만약 다른 음식점의 경영자가 그 가게에 식사하러 갔을 때, 우연히 미소가 아름답고 일솜씨가 좋은 아르바이트를 발견했다면 "우리 가게에서 일하지 않겠어요? 지금보다 시급을 더 많이 줄게요"라고 말을 걸 수도 있다. 평소 일솜씨라는 원인이 현재의 시급 이상으로 가치가 있다는 신용을 낳아 그것이 수입이라는 결과로 연결되는 것이다.

위에서 예로 든 사례의 공통점은 '신용'이라는 축이 없으면 결과를 불러올 수 없다는 것이다.

내가 20년 전에 경험했던 '열심히 해도 평가받지 못한다'라는 원인은 단순히 '신용'이 없었기 때문이다. 목숨 걸고 열심히 하는 사람을 궁지에 빠뜨리려는 사람은 거의 없다. 경제적 이익을 가져오는 사람을 착취하려는 경영자 또한 거의 없다. '열심히 한다'는 것만으로 수입이 오르는 것은 아니지만, 수입이 오른다는 충분조건을 충족시키기 위해서는 '열심히 한다'는 것에서 생기는 '신용'이 필요조건이다.

다행히도 현대는 고도 정보화 사회다. 정보기술 발전에 의해 세계의 한 사람 한 사람이 무엇을 얼마만큼 사고, 거기에 대해서 어떻게 평가하고 있으며 어느 정도 만족하는가, 누구와 연결되고 그 상대를 어느 정도 신용하고 있는가가 국경을 넘어 SNS에서 언어화되어 기록되고 공개되고 있다.

이것에 의해 점점 '돈'은 현실을 객관적으로 있는 그대로 표현하는 최고의 도구로서 존재감을 더해 가고 있다. 신용이 높으면 필연적 결과인 수입이 많아진다. 어느 정도 신용이 있는가가 '돈'이라는 도구에 의해 가시화되고 있는 것이다.

신용을 쌓는 일이야말로 수입 인상의 본질이다. 이뿐만이 아니다. 쌓아 올린 신용은 인생의 어떤 상황에서도 통용되는 만능 패스포트가 된다.

④
마켓을 선택하는
안목에 따라 수입이 다르다

　　　　　　지금까지의 논의를 뒤집는 것 같아 마음이 괴
롭지만, 여기에 중요한 한 가지를 보충해두고 싶다.

그것은 돈이 신용을 가시화하는 것임에도 한편에서는 신용이 높
은데 그다지 많은 수입을 얻지 못하는 사람이 있고, 사회적으로 봐
서 신용이 없는데 많은 수입을 얻는 사람이 있다는 현실이다.

이러한 현상이 발생하는 것은 신용의 결과가 수입이라는 수치에
의해 나타나는 한편 어느 마켓에 있는지에 의해 돈의 양(사이즈)이
결정되는 측면이 있기 때문이다.

예들 들어 프로 스포츠의 세계는 어떨까?

프로 스포츠의 세계에서는 결과가 신용이 되어 결과를 내는 선수
는 그 업계(마켓)에서 신용이 높아 수입도 많아진다. 이것은 어떤 종
목의 스포츠에도 공통되는 원리이다. 그러나 어떤 스포츠에서 일류

가 되느냐에 따라 연봉은 크게 달라진다.

일본에서 일류 골프 플레이어는 상금 이외에도 스폰서 요금이나 광고 출연료 등으로 10억 원을 충분히 넘는 수입을 얻을 수 있다. 10억 원의 수입이 있다는 것은 당연히 누군가가 10억 원을 지급한다는 것이다. 선수에 대한 과거의 신용으로 볼 때, 10억 원의 비용을 지급해도 그 선수의 활약으로 그 이상의 비용 대비 효과를 기대할 수 있다면, 10억 원을 선수에게 지급하는 것은 조금도 아깝지 않다.

한편 프로농구의 세계는 어떤가?

어떤 스포츠든 그 세계에서 일류가 되는 결과를 내는 것은 보통 일이 아니다. 당연히 프로농구의 세계에서 일류가 되어 결과를 내는 것은 골프와 마찬가지로 피와 땀과 눈물이 범벅될 정도의 노력이 필요하다. 그러나 프로농구는 미국에서는 매우 인기가 높지만 일본에서는 그다지 인기가 없다. 프로농구에서 일류가 됐다고 해도 비용 대비 효과를 기대하여 지원할 기업은 골프와 비교하여 현격히 적다. 일류 프로농구 선수라고 해도 수입이 1억 원을 밑도는 일이 흔하다.

이것은 일반 비즈니스에서도 마찬가지다.

일류 외국계 금융기관과 일류 제조회사의 공장 작업자를 비교하면 알기 쉬울 것이다. 외국 금융기관에서는 연간 수십억 원의 급여를 지급하더라도 세계에서 우수한 인재를 고용하고자 한다. 한 사람 고용하는 것으로 새롭게 수백억 원 단위의 이익을 낼 수 있다면 수십억 원의 급여가 비용으로 추가되더라도 좋은 인재를 고용하는 편이 플러스가 된다는 논리이다. 게다가 수백억 단위의 이익을 낼 수 있는 인재는 희소가치가 높다. 수요와 공급의 밸런스에 의해서도 우수한 금융맨의 수입은 올라간다.

한편 공장 작업자에게는 이 논리가 적용되지 않는다. 빼어나게 우수하여 높은 신용을 얻으면 예외적으로 본사에서 스카우트해가는 경우가 있을지도 모르지만 공장에서 근무하는 동안은 아무리 신용이 높다고 해도 급여가 몇 배 오르는 일은 없을 것이다. 왜냐하면 아무리 높은 급여를 지급해도 작업 능력이 몇십 배 올라가는 것이 아니기 때문이다. 한 사람의 유능한 작업자에게 많은 급여를 지급하기 보다는 개발도상국에 공장을 건설하여 저임금의 작업자를 많이 고용하는 편이 결과적으로 싸게 먹힌다.

외국계 금융기관과 비교하면 공장이 마켓 사이즈는 클지 모르지만 작업자로서 일할 수 있는 사람이 한 없이 많기 때문에, 급여가 되는 자금이 그 인원으로 비례배분 되어 버린다. 즉, 신용의 결과가 수입에 연결되는 원리 원칙은 변함이 없지만 얻을 수 있는 돈의 양 (사이즈)은 마켓에 따라 크게 달라지는 것이다.

우리가 수입을 올리기 위해서는 신용을 꾸준히 쌓는 것이 당연하지만 동시에 그 신용이 커다란 결과가 되어 돌아오는 마켓을 선택하는 안목이 필수 불가결하다. 이 2가지가 서로 작용하여 시너지 효과를 낳아 쌓아온 신용이 커다란 수입이 되어 결실을 보는 것이다.

신용이 없는데도
돈이 많은 사람이 있는 이유는?

한편 신용이 없는데도 돈이 많은 사람도 있다. 예로 적당하지 않을수 있지만, 마피아나 일부 사기 단체 등이 그렇다. 일반 사회에서 결코 신용이 있다고 할 수 없는 사람들이지만, 이 마피아 마켓에는 많은 자금이 있다. 그 때문에 마피아는 많은 돈을 손에 넣기 쉽다. 하지만 모든 마피아가 돈을 가지고 있는 것은 아니다. 돈을 가지고 있는 것은 마피아 마켓 중에서도 상대적으로 신용이 높은 사람이다. 약속을 지키지 않는 사람, 결과를 내지 못하는 사람은 누구에게도 일을 받지 못해 돈이 들어오지 않는다. 사회적으로는 신용이 없어도 막대한 자금이 있는 마켓 안에서 얻은 신용이 돈이라는 결과로 나타나는 것이다. 물론 어떤 일을 할지를 선택할 때, 수입만으로 일을 선별하여 정해야 하는 것은 아니다. 그 선택에는 꿈과 보람 등도 마땅히 포함되어 있어야 하고 수입을 얻기 쉽다는 이유로 반사회적 일을 생업으로 삼아서는 안 된다. 그러나 신용과 결과라는 점에서 살펴보면 이런 '마켓을 선택하는 안목'의 유무도 커다란 영향을 준다는 것을 알아두었으면 한다.

⑤

돈과 마주하는 것은
자신의 신용과 마주하는 것

우리는 말만으로 다른 사람을 진심으로 신용하지 않는다. 신용은 반드시 과거의 말, 행동, 결과에 근거한다. 이솝 이야기의 하나인 늑대와 양치기 소년의 이야기도 그렇지만, 거짓말을 하는 사람은 신용을 잃는다. 한편, 작은 약속을 계속 지켜온 사람은 결정적일 때 신용을 얻어 큰 도움을 받기도 한다.

신용은 과거의 실적으로만 쌓을 수 있다. 우리가 오늘 말한 것, 지금 행동한 것이 미래에서 본 과거가 되고 그 과거의 축적으로 인생의 만능 패스포트인 '신용'을 쌓아간다. 그 객관적인 지표로서 존재하는 것이 수치로서의 '돈'이라는 것이다. 이것이 신용경제의 본질이다.

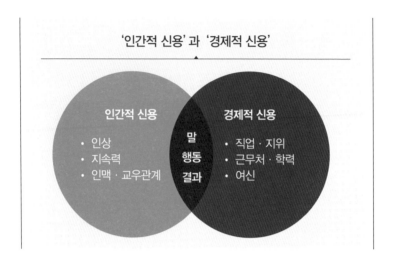

'인간적 신용'과 '경제적 신용'

인간적 신용
- 인상
- 지속력
- 인맥 · 교우관계

말
행동
결과

경제적 신용
- 직업 · 지위
- 근무처 · 학력
- 여신

인간적 신용과
경제적 신용

신용에는 인간적 신용과 경제적 신용 2가지가 있다. 일반적으로 '신용 경제'라고 칭하는 경우에는 이 2가지 중에서 경제적 신용을 가리킨다. 금융 세계에서는 '돈을 갚는 힘'이라는 협의의 의미로 '신용이 있다'라든가 '신용이 없다'라고 표현한다. 자산이나 수입이 높으면 경제적 신용은 높아진다. 한편 인간적 신용은 친구와의 약속을 잘 지킨다, 기일을 지킨다, 말한 것은 행동으로 옮긴다 등으로 쌓인다. 스포츠 선수나 경영자라면 '결과를 남긴다'라는 것도 중요한 요소일 것이다.

이 인간적 신용에는 주위에 사람을 불러 모으는 결과가 나타난다. 인간적 신용이 있는 사람은 없는 사람에 비해 받는 일의 양과 질이 크게 다르다. 돈은 반드시 다른 사람이 주는 것인데, 이 사람을 불러 모으는 효과가 수행하는 역할은 크다. 말하자면 인간적 신용과 경제적 신용은 자동차의 두 바퀴와 같은 것이다. 바꿔 말하면 신용경제의 중심에 있는 것은 직업이나 지위, 근무처가 아니라 말, 행동, 결과가 만들어 내는 '인간으로서의 신용' 그 자체인 것이다.

학력 사회가
없어지지 않는 진짜 이유

우리나라는 오랫동안 학력사회라고 불려왔다. 구직 활동을 할 때 학력이 커다란 영향을 주는 것에는 찬반양론이 있지만 '신용'이라는 것을 축으로 바라보면 관점은 일변한다.

구직 활동을 할 때 좋은 대학을 졸업했다는 학력이 다소나마 유리한 작용을 하는 것은 당신의 학력이 평가받았기 때문이 아니다. 왜냐하면 많은 독자가 실감하고 있는 것처럼 학교에서 배운 세계사의 연호나 수학의 인수분해는 실제 사회에서는 거의 도움이 되지 않기 때문이다. 그렇다면 왜 좋은 학력이 구직 활동에 유리하게 작용하는가?

그것은 당신이 지금까지 학교에서 열심히 목표를 향하여 공부해 왔다는 것이 평가받아 신용에 연결되기 때문이다. 또 시험을 봐서 커트라인이 높은 고등학교나 대학에 입학했다는 것은 같은 출제 범위, 같은 시간, 같은 연령이라는 공통된 룰 가운데 이겼다는 것이다. 같은 규칙 아래에서 싸워 이긴 사람에게는 '규칙을 잘 이해하고 효율을 높게 사용하는 방법을 창출한 사람', '같은 규칙 가운데 이기는 방법을 아는 사람'이라는 신용이 생긴다. 배운 지식 그 자체에 가치가 있는 것이 아니라 그것을 꾸준히 공부하여 내 것으로 만들어 좋은 성적을 내고 시험에 합격하고 좋은 곳에 취직하는 성과를 냈다는 당신의 노력하는 자세가 가치가 있기 때문에, 학력이 '신용' 이 되는 것이다.

친구나 거래처와의 약속을 지키는 것도 약속 시간에 늦지 않고 가는 것도 서류를 기일까지 제출하는 것도 학력을 얻는 것도 모두 '신용'이라는 점에서 같다. 말과 행동, 결과가 일치하면 신용은 높아지고 일치하지 않으면 신용은 저하한다. 날마다 하는 행동의 축적으로 당신의 인간적 신용이 만들어지고 그것이 경제적 신용으로 연결되며 신용 경제에서 자유롭게 살아갈 수 있는 것에 연결되는 것이다.

크레디트 카드로 물건을 구매한다. 급여가 이체된 통장에서 집 대출금을 갚는다. 실제 주식을 보유하는 일 없이 주식을 매매한다.

통장 잔액을 인터넷으로 확인한다 - 돈이 지폐나 동전이라는 '물질'에서 단순한 '수치'로 변하고 있는 현대에 물건을 구매하는 것도 일하는 것도 미래를 위해 저축하는 것도 모두 점점 '신용'을 축으로 한 가상의 거래로 바뀌고 있다.

우리가 살아가는 신용 경제라는 사회는 상상 이상으로 신용과 돈이 운명 공동체로 직결되어 있다. 즉, 돈에 대해서 생각하는 것은 '사회에서 자신의 신용을 생각하는 것'과 동의어인 것이다. 이것을 이해하고 하루하루를 보내는 사람과 그렇지 않은 사람은 노력이 보상을 받는다는 느낌 정도도, 주위에 모여드는 사람들의 질도, 결과로서 수중에 들어오는 돈의 양도 모두 크게 차이가 난다.

다시 한번 말하겠다. 돈이란 신용을 가시화한 것이다. 그리고 사회는 모든 것이 '신용'을 중심으로 돌아가고 있다. '저 사람은 신용할 수 있어'라고 여겨지는 것과 '저 사람은 신용할 수 없어'라고 여겨지는 것에는 무슨 일에 있어서도 하늘과 땅 차이가 발생한다.

신용 경제 가운데 여유 있고 불안하지 않은 삶을 살기 위해서는 올바른 돈의 교양을 익히고 신용을 쌓자. 작은 신용을 꾸준히 쌓아 얻은 커다란 신용이야말로 인생의 어떤 상황에서도 통용되는 만능 패스포트가 된다.

돈 이 란
무 엇 인 가

제2장

돈은 당신을
비추는 거울

돈은 당신의 지성, 사고, 인간성이라는
'교양' 그 자체이다.
그렇기 때문에 선입관을 버리고
내면의 자신과 대치하며
'한 번밖에 없는 인생을 어떻게 살고 싶은가?',
'자신에게 있어서 진정한 풍족함이란 무엇인가?'를
생각하여 그것을 실현할 수 있도록
돈을 사용하여야 한다.

①
돈은
그 사람 자체를 비춘다

예컨대 이런 상황을 상상해 보기를 바란다. 우선 당신이 돈을 사용할 때 반드시 영수증을 받는다. 크레디트 카드로 물건을 사는 일이 많은 사람이라면 명세표도 좋다. 그 영수증과 크레디트 카드 명세표를 한 달 동안 모아서 나에게 보여주었으면 한다. 그러면 무엇이 보일까?

'모든 것'

나에게는 당신의 한 달 동안의 사고, 행동, 성격이 모두 보인다. 식생활, 음주량, 취미, 낭비벽, 독서량, 건강상태, 인간관계까지.

더 나아가 영수증의 발행 장소를 보면 행동반경도 보인다. 근무처와 자기 집 주변을 왕복하는 생활인지, 휴일에 멀리 나가는지, 해외를 분주하게 돌아다니는지.

돈이라는 것은 그 정도로 인간을 있는 그대로 나타낸다.

'술을 마시면 그 사람의 인간성이 나온다'라는 말을 한다. 술자리에서 잘 웃는 사람, 잘 우는 사람, 불만을 쏟아 내는 사람, 평론가인 양하는 사람. 그 사람의 본심이 나오는 경우도 많다. '차를 운전하면 그 사람의 진짜 성격이 나온다'라고도 하는데, 그 이상으로 돈은 그 사람을 나타낸다.

사고와 행동이
밸런스시트(대차대조표[7])를 형성한다

한 달의 돈 사용법에 덧붙여 돈을 대하는 법을 보면 그 사람의 사고와 성격이 더욱 입체적으로 떠오른다. 평소 어디에 돈을 쓰는지 관리하지 않는 사람은 대충 일 처리를 하는 성격인 경우가 많다. 그러나 정확하게 지출을 관리하는 사람은 시간 관리나 일 관리도 빈틈없는 경우가 많다. 자신의 지출을 엄격하게 관리할 수 있는 사람은 자신을 통제할 수 있는 사람인 경우가 많다. 거꾸로 원하는 것이 있으면 참지 못하고 지출이 늘어나는 사람은 자신에게 관대하고 생활이나 인간관계 등 무슨 일에서도 느슨한 경우가 많다.

지금 이미 많은 저축을 한 사람은 과거부터 자금 관리를 제대로

---

7   기업이 결산 때에 재정 상태를 한눈에 볼 수 있게 도식화한 표. 기업의 자산을 부채와 자본으로 비교할 수 있도록 양쪽으로 나뉘어 있다.

해 왔다는 증거이다. 지금 수입이 높은 사람은 과거에 자신의 기술 향상이나 경험에 돈을 투자한 사람이다. 한편, 지금 일도 없고 생활이 힘든 사람은 그런 노력을 하지 않은 사람이다.

지폐의 방향을 가지런히 맞춰 지갑을 관리하는 사람은 꼼꼼한 성격이고, 친구에게 사주기만 하는 사람은 느긋하고 대범한 성격이라고 할 수 있다. 이처럼 돈은 그 사람 자체를 비추는 거울이 된다. 동시에 돈의 결과는 우리의 사고와 행동의 결과라고도 할 수 있다.

태어날 때부터 뛰어난 재능이 있는 사람을 제외하고, 연습하지 않는 올림픽 선수는 없다. 재능도 물론이거니와 예전부터 다른 사람보다 갑절의 연습을 해왔기 때문에 올림픽 선수가 된 것이다.

태어날 때부터 천재를 제외하고, 학력이 높은 사람 중에 공부하지 않는 사람은 없다. 영어권에서 자란 사람을 제외하고, 영어를 공부하지 않고 영어로 말할 수 있는 사람은 없다. 탄탄한 근육질 몸매를 가지고 있는 사람 중에 운동을 하지 않는 사람은 없다. 돈에 대해서도 동일하게 말할 수 있다. 태어날 때부터 자산가를 제외하고, 저축이 많은 사람 중에 금전 관리를 하지 않는 사람은 없다.

고액의 특허수입이나 인세 수입 권리를 상속받은 사람을 제외하고, 수입이 많은 사람 중에 기술 향상을 위해 노력하지 않는 사람은 없다. 말할 필요도 없이 올림픽에 출전할 수 있는 것은 과거에 연습을 거듭해 온 결과이다. 영어도 체격도 분명 과거의 노력이 결과로서 나타난 것이다. 마찬가지로 지금 눈앞에 있는 돈은 과거의 사고와 행동이 결과로서 나타난 것이다. 사고나 행동은 우선 수입과 지출로서 나타난다. 더 나아가 그것의 축적이 저축액 혹은 빚 등의 부채액이 되어 밸런스시트(대차대조표)를 형성한다.

당신의 현재 밸런스시트는 어떠한가? 이것이 당신 과거 '액력'의 축적 그 자체이고 앞으로의 인생 그 자체이기도 하다.

자신의 돈에서
눈을 돌리지 마라

다른 사람이나 회사가 가지고 있는 돈에 대해서 예사롭지 않은 관심을 보이는 사람이 많다. '저 유명인은 대체 수입이 얼마일까?', '동기 녀석은 지금 저축을 얼마나 했을까?', '이 거래처는 사무실을 확장했는데 매출 규모가 어느 정도일까?'.

내가 잘 아는 잡지사의 편집인은 '급여명세표'나 '이웃집 가계부' 등 다른 사람의 돈에 대해 알 수 있는 기획은 독자들에게 인기가 많다고 한다. 그만큼 세상은 '타인의 돈'에 흥미를 느끼고 있다.

그러나 자신의 돈에 대해서는 자신도 모르게 현실로부터 눈을 돌리고 싶어 한다. 이것이 우리의 본심이 아닐까. 아마도 우리가 무의식적으로 자신의 돈은 자기 자신의 사고와 행동을 비춘 결과라는 것을 이미 자각하고 있고 그것을 직시해야 한다는 것에 공포심을 가진 탓이리라.

실제로 나도 예전에 그랬다.

매월, 월말이 되어 돈이 부족해지면 '어떻게 돈을 마련하면 좋을까' 만 생각했다. '돈이 부족하다'라는 결과는 자신이 사용해도 되는 금액보다 많이 사용한 것이 문제라는 것을 잘 알면서도 그것을 직시하고 싶지 않다는 심리가 반영된다. 정상적이라면 이번 달 자신이 어디에 돈을 사용했는지를 파악하여 다음 달에 그것을 정정하는 행동을 취해야 하는 것이 마땅함에도 임시변통으로 사태를 수습한 뒤 근본적인 개선은 하지 않은 채 다음 달 또 같은 일을 반복한다.

이 책의 독자가 모두 나와 같은 경험이 있다고는 할 수 없지만 크든 작든 짚이는 데가 있는 사람이 적지 않을 것이다. '이대로 가다가는 수입이 줄어들기만 할 것이다'라고 어렴풋이 느끼면서도 자기투자나 자기 연마보다 편한 선택을 반복하며 현실에서 눈을 돌리는 사람. '이 속도로 계속 저축해도 노후의 생활 자금으로는 부족하다'라는 것을 알고 있으면서도 자금 운용에 한 발을 떼지 못하고 있는 사람. '이대로 가면 계속 적자가 날 텐데'라고 한탄하면서도 아이의 학원을 줄일 결단을 내리지 못하는 사람. 현실로부터 눈을 돌리고 개선을 위한 행동을 하지 않는다는 점에서 본질적으로 다르지 않다.

긴 시간 현실에서 눈을 돌리면 돌릴수록 그런 사고나 행동은 '습관'이 되어 생활 속에 자리 잡아 버린다. 섬유 속에 스며든 얼룩이 세탁해도 좀처럼 지워지지 않는 것처럼 생활 구석구석까지 파고든 나쁜 사고나 습관에서 벗어나는 것은 쉽지 않다. 결과적으로 '이럴 리가 없는데'라고 생각하는 중에 세월은 흘러간다.

예금통장은
사회인의 돈 '이력서'

돈은 당신을 비추는 거울이다. 앞에서도 썼듯이 영수증과 크레디트 카드의 명세표를 보면 생활뿐 아니라 당신이라는 사람 자체가 뚜렷이 드러난다. 이런 매일의 돈과의 관계를 집대성한 것이 예금통장이다. 주택담보 대출 등으로 금융기관에서 융자를 받을 때 잔액증명서가 아니라 예금통장 복사본을 보여 달라고 말하는 곳도 있다. 이렇게 하는 의도는 예금 잔액을 알고 싶은 것이 아니다. 금융기관이 알고 싶은 것은 당신 돈의 생활 습관인 것이다.

잔액증명서는 '지금 예금이 얼마나 있는가'라는 증거 기능밖에 없지만 예금통장 복사본은 그대로 '돈의 이력서'로서의 역할을 한다. '지금 무슨 일을 하고 있는가' 뿐만 아니라 '지금까지 어떤 인생을 살아왔는가'라는 이력을 알 수 있다.

예금통장도 그렇다. '지금 저축액이 얼마인가'라는 잔액만으로는 '결과'밖에 보이지 않지만 과거의 입출금 이력을 보면 지금까지의 생활 역사를 손바닥 들여다보듯 훤히 알 수 있다. 그리고 매월 같은 날 이체가 되는가, 어느 정도의 빈도로 돈을 인출하는가, 크레디트 카드 이용액의 변동 폭은 어느 정도인가 등을 보는 것으로 당신의 수입과 저축 잔액이라는 결과에서는 보이지 않았던 당신의 진정한 돈 생활 습관이 뚜렷이 드러나는 것이다.

금융기관이 융자 심사를 할 때 보는 것은 수입이 어느 정도 인가, 갚을 여력이 어느 정도인가라는 '경제적 신용'뿐만이 아니라는 것이다. 예금통장이라는 '돈의 이력서'를 통해 당신의 '인간적 신용'도 보는 것이다. 학력보다도 액력인 그런 사회가 이미 도래해 있다.

③

돈의 나쁜 생활 습관

생활 습관은 '좋은 습관'과 '나쁜 습관'으로 구별된다. 이 둘의 결정적 차이는 무엇일까?

좋은 습관이란 자신이 '하겠다'고 정해서 의식적으로 행하는 습관을 가리킨다. 아침에 일어나면 신문을 처음부터 끝까지 훑어본다. 건강을 위해 30분 일찍 집을 나와 두 정거장 앞 역에서 내려 회사까지 걸어간다. 집에 도착하면 즉시 정성 들여 양치질하고 손을 씻는다. 라디오 영어회화 강좌를 빠지지 않고 듣는다. 매월 일정액을 적금에 넣는다. 건강에 나쁜 영향을 주는 기름진 음식은 피한다. 친구의 생일에는 반드시 손편지를 써서 선물과 함께 전달한다. 이런 습관이 좋은 습관이다.

한편 나쁜 습관이란 기분이나 그 순간순간의 욕구에 져서 막연히 하는 습관이다. 일어나야 하는데 알람시계를 끄고 다시 잠을 잔다.

목적 없이 인터넷 서핑을 한다. 멀지 않은 거리임에도 택시를 탄다. 건강에 나쁘다는 것을 알면서도 담배를 끊지 못한다. 정신이 들고 보니 텔레비전을 몇 시간이나 보고 있다. 편의점에 가면 나도 모르게 단 것을 사 버린다. 술자리에 가면 2차, 3차까지 끌려다닌다.

이 두 가지를 볼 때, 좋은 습관은 의식하지 않으면 계속될 수 없고 나쁜 습관은 의식하지 않으면 끊을 수 없다는 것이다. 의식하지 않으면 좋은 습관은 계속되지 못하지만, 나쁜 습관은 의식하지 않아도 계속되는 경향이 있다.

나쁜 습관을 끊어 버리기는 쉽지 않다. 왜냐하면 습관에는 자력이 있는 데다가 인간은 원래 욕구에 지기 쉬운 생물이기 때문이다. 게다가 인간은 머리로는 '어떻게 행동하는 것이 옳은가'를 알고 있음에도 꼭 합리적인 선택을 하지 않는다는 것이 행동경제학[8] 연구에서도 입증되었다. 상당한 성인군자가 아닌 이상 '눈앞에 있는 것을 당장 갖고 싶다', '조금이라도 편해지고 싶다'라는 본능적인 욕구에 무의식적으로 저항할 수 없는 것이 당연하다.

마음이 바뀌면 행동이 바뀐다. 행동이 바뀌면 습관이 바뀐다.
습관이 바뀌면 인격이 바뀐다. 인격이 바뀌면 운명이 바뀐다.

---

[8]   이성적이며 이상적인 경제적 인간을 전제로 한 경제학이 아닌 실제적인 인간의 행동을 연구하여 어떻게 행동하고 어떤 결과가 발생하는지를 규명하기 위한 경제학.

프로야구 선수로 활약하는 마쓰이 히데키松井秀喜 선수의 좌우명이다. 이 말은 심리학자·철학자였던 윌리엄 제임스William James의 말이라고 하는데 매우 설득력이 있다. 의사이자 작가로서 많은 명저를 남긴 새뮤얼 스마일스Samuel Smiles도 그의 저서『인격론』에서 다음과 같이 말하고 있다.

> 인격을 뒷받침하는 최고의 버팀목은 어떤 경우에도 습관이다. 그 습관에 따라 의지력이 좋은 방향으로 움직이기도 하고 나쁜 방향으로 움직이기도 하는데 경우에 따라서 습관은 자비로운 지배자가 되기도 하고 잔혹한 독재자가 되기도 한다.

습관은 매일의 축적이다. 그리고 좋은 습관을 계속하면 마쓰이 선수처럼 인생의 가능성을 한없이 넓혀 주지만 나쁜 습관을 계속하면 인생에 커다란 악영향을 초래한다.

걸려서는 안 될
'돈의 생활 습관병'

최근 고혈압, 당뇨병, 고지혈증, 비만 등 생활 습관병의 만연히 사회 문제화되고 있다. 이런 생활 습관병 개선에 효과가 있다고 여겨지는 건강 기능 식품 시장규모가 매년 확대되고 있는데 벌써 6조 원을 넘었다고 한다.

생활 습관병의 원인은 그 이름대로 매일의 '습관'이다. 나쁜 생활 습관이 매일 축적되면 때로는 목숨을 앗아갈지도 모르는 커다란 병을 일으킬 수도 있다.

돈의 생활 습관도 매일의 축적이다. 때문에 건강 습관과 마찬가지로 생활 습관병이 존재한다. 자세히는 후술하겠지만 그 대부분이 한 번이라면 문제가 되지 않지만 계속되면 서서히 인생을 좀먹어 가는 종류의 것이다. 그리고 안타깝게도 일반적인 생활 습관병과 달리 돈에는 정기적으로 건강진단을 받는 공적 수단이 없다. 알아챘을 때는 투약 정도로는 치료할 수 없을 정도의 치명적인 경우도 많다. 돈의 나쁜 생활 습관을 끊기 위해서는 꾸준한 노력이 필수 불가결하다. 다이어트를 생각하면 알기 쉬울 것이다.

나도 경험이 있는데, 다이어트에 무모한 계획은 금물이다. 예를 들어 '1개월에 5킬로그램을 뺀다'라는 목표를 세웠다면 실현하기 위해 아마도 상당한 식사 제한이 필요할 것이다. 비록 목표를 달성했다고 해도 그 후에 리바운드하거나 건강을 해치는 부작용이 생길 가능성이 높다.

다이어트에 성공하여 다이어트 후의 체중을 기본 체중으로 정착시켜 가기 위해서는 3개월이나 반년 혹은 1년 등 장기 계획을 세워 일상생활에 무리가 가지 않는 범위에서 노력을 거듭해야 할 필요가 있다.

'돈이 없다'고 매일 고민하는 사람은 '복권에 당첨되면 좋겠는데'라며 일확천금을 노리기도 하는데, 이것은 한 달에 5킬로그램의 살을 빼려고 하는 것과 마찬가지다. 비록 행운의 여신이 고액의 복권에 당첨되게 해 준다고 해도 많은 경우 금전 감각이 이상해져 비싼 물건을 사거나 낭비를 하거나 사기를 당하거나 하여 정신이 들었을 때는 돈이 남아 있지 않을 것이다. 그뿐만이 아니라 자기파산이라는 리바운드가 기다리고 있을지도 모른다. 실제로 복권의 고액 당첨자 70%가 그 후 자기파산에 이른다고 한다.

수입이 늘면 문제가 해결되지 않을까 하고 생각하는 사람도 있지만 많은 경우 그렇지 않다. 연간 1억 원의 수입이 있어도 들어온 만큼 전부 써버리고, 부족해지면 크레디트 카드로 물건을 사들여 저축은 거의 없다. 혹은 '고소득층이다'라는 자부심에 가득 차서 집, 아이들 교육, 해외여행 등 조금씩 '사치'를 거듭하여 살림이 매우 쪼들리게 됐다는 사례도 흔하게 볼 수 있다. 이것은 인간의 몸에 비유하면 칼로리가 높은 것만 먹고 매일 술을 마시고 있는 상태라고 할 수 있다.

언뜻 보기에 돈 문제는 불황과 물가 상승이라는 경제 환경과 우연히 일어난 불행한 사건이 원인으로 보이지만 잘 살펴보면 본인의 돈에 대한 생활 습관이 최대의 원인인 경우가 많다.

만약 일시적인 다이어트가 아니라, 평생 건강한 돈의 균형을 유지하고 싶다면 우선 낭비를 비롯한 생활 습관병을 고치는 것이 우선이다. 그 후 매일 조깅을 하는 것처럼 저축을 하거나, 주말에 헬스장에서 트레이닝을 하는 것처럼 자산을 운용하여 착실하고 좋은 습관을 들여가는 것이 중요하다.

어쨌거나 중요한 것은 단기간에 단번에 해결하려고 하지 말고 습관화해 가는 것이다. 어린 시절부터 양치하는 습관을 들이면 식후 양치를 하지 않으면 기분이 나빠지는 것처럼 좋은 습관도 몇 년 계속하면 의식하지 않아도 어느 틈에 생활에 녹아들게 된다. 이렇게 되면 원하는 대로 된 것이다.

대표적인 5가지
'돈의 생활 습관병'

그럼 돈의 생활 습관병에는 어떤 것이 있는가? 흔히 보이는 것으로는 다음과 같은 것이 있다.

① 편의점이나 마트에서 무심코 쓸데없는 것을 산다

퇴근길에 의미 없이 편의점이나 마트에 들르는 습관은 없는가? 편의점이나 마트는 행동심리학을 바탕으로 물건이 진열되어 있다. 예컨대 계산대 옆에는 초콜릿이나 과자 등 가격이 저렴하고 작은 물건을 놓아둔다. 계산대에 줄 서 있는 동안 이런 상품을 추가로 구매한 경험이 있을 것이다. 나도 예외는 아니다. 이것은 '일관성의 법칙'이라는 심리학 원칙에 기인한다. 사람은 어떤 상품을 '구매하겠다'고 결정한 순간 그 가게에서 일관하여 구매하려는 심리가 작용한다. 그 때문에 계산대에 줄 선 사람은 '구매한다'라는 행동의 연장선에 있는 '사는 김에 하나 더 사는 것'에 관대하다. 그래서 구매목록에 없더라도 계산대 옆에 있는 상품을 무심코 사게 되는 것이다. 이런 불필요한 것을 사지 않기 위해서는 우선 편의점이나 마트에 가는 횟수를 줄여야 한다. 그리고 구매하기 전에 '정말로 필요한가'라고 잠시 생각하는 습관이 필요하다.

② 저렴할 때 한꺼번에 사 둔다

가치 있는 것을 저렴하게 살 수 있는 세일 기간이나 특매품, 1+1상품은 소비자에게 든든한 아군이다. 그러나 싸다는 이유만으로 본래 필요치 않은 것까지 살 가능성은 없는가?

최근 코스트코로 대표되는 업무용 대형 마트가 일반 소비자들 사이에서도 인기를 얻고 있다. 그러나 분명 단가는 싸지만 양이 너무 많아 전부 먹지 못하거나 끝까지 쓰지 못하면 결국은 오히려 비싼 것이 된다. 또 한꺼번에 사면 소비 속도가 빨라진다는 측면도 있다. 맥주를 자주 마시는 사람이라면 알겠지만, 맥주를 상자로 사두면 한 두 병 씩 살 때와 비교해서 '많이 있으니까' 혹은 '저렴하게 샀으니까' 하며 마시는 양이 늘기 쉽다.

③ 스트레스 해소를 이유로 충동구매나 술자리를 끊지 못한다

힘든 일이 있을 때 고가의 물건을 사거나 비싼 음식을 먹어 스트레스를 발산하는 습관은 없는가? 이는 돈을 쓰는 것으로 '스트레스를 잊게 해주는 즐거운 자극'을 얻는 행위지만 많은 경우 일시적인 스트레스 해소 밖에는 되지 않는다. 그뿐만이 아니라 나중에 '스트레스 발산을 위해 낭비해 버렸네'라는 죄악감이 남아 오히려 스트레스가 쌓이는 얄궂은 결과가 되기 쉽다.

스트레스 발산을 이유로 한 낭비 습관을 끊기 위해서는 스트레스가 쌓여 있지 않은 보통 때 스트레스 발산법을 생각하여 수첩에 조목별로 메모해 두는 것이 효과적이다. '마음에 드는 입욕제를 넣고 천천히 목욕을 즐긴다', '좋아하는 음악을 들으며 해안선을 따라 드라이브를 한다', '공원을 30분 동안 산책한다' 등 가능한 돈이 들지 않는 방법을 적어 두면 스트레스 발산을 위한 충동적인 구매는 줄일 수 있다.

④ 복권을 산다

2015년 말 점보 복권의 1등(70억 원)은 37명. 1등 전후상[9]은 54명.

---

9   복권 등에서 당첨 번호 전후의 번호에 주는 상.

단순히 생각하면 모두 100명에 가까운 억만장자가 생겨났다. 그러나 점보 복권은 1유닛(2,000만 매)을 한 세트로 그중에서 1등이 1명 나오는 구조이다. 단순 계산으로 당첨될 확률은 2,000만 분의 1이 된다. 이 2,000만 분의 1이라는 확률이 어떤 느낌인지 바꿔 말해 보겠다.

- 수용인원 4만 5,000명의 도쿄돔 444배의 홀 안에서 한 사람이 선택된다.
- 800킬로그램의 쌀 중에서 한 톨의 쌀을 찾는다.

이런 말을 들으면 정신이 아찔해질 정도로 낮은 확률이라는 것을 알 것이다. 우리나라 국민이 1년 동안 교통사고를 당한 확률은 1,000분의 9라는 말도 있다. 이것과 비교해 보면 복권에 당첨되는 것보다 교통사고를 당할 확률이 압도적으로 높다. 복권뿐만 아니라 경마, 경륜, 파칭코 등의 게임은 주최측이 확실히 돈을 버는 구조로 되어 있다.

복권 배당률(판매액 중 당첨 금액으로 지급하는 비율)은 45~48%라고 한다. 경마의 75%, 파칭코의 80%와 비교해도 복권은 환원율이 몹시 낮다. 즉 수지收支가 맞지 않은 지출이다. '당첨 발표까지 꿈을 꾸는 시간을 산 것이다'라고 생각한다면 막을 이유는 없지만 경제 합리성의 관점에서 보면 거의 손실이라는 점을 제대로 인식했으면 한다.

⑤ 세일하는 물건은 '사지 않으면 손해'라고 생각한다

평소 가격으로는 비싼 물건이 50%나 70% 세일을 한다. 그럴 때 '사지 않으면 손해'라며 초조한 기분이 든 적은 없는가? 평소 가격보다 싸게 살 수 있다는 점에서 세일을 이용하는 것은 틀리지 않다. 그러나 그것은 어디까지나 정말로 필요한 것을 살 경우에만 해당하는 논리다. 세일을 한다는 이유만으로 예정에 없는 것까지 구매해 버리면 단순한 낭비가 된다.

세일기간 중 정가 59만 9,000원의 양복 가격표가 붉은 선으로 지워지고 29만 9,000원이라고 다시 써진 가격표를 본다. 이 가격 하락 폭만 보고 '싸다'고 생각하는 것은 성급한 판단이다. 정말로 세일 기간 전에 이 가격으로 팔렸느냐의 보증은 어디에도 없다. 그리고 애초에 59만 9,000원의 가치가 있는 상품인지 아닌지도 모른다.

행동경제학에서 세일은 '앵커링[10]'이라는 마케팅 수법이다. 앵커란 배가 항구에 정박할 때 내리는 닻이다. 정가를 보여주면 그 가격이 닻을 내리는 것처럼 '기준치'로서 뇌에 입력되어 본래의 가치와 관계없이 인하된 가격인 29만 9,000원을 '싸다', '사는 게 이득이다'라고 느끼게 할 수 있는 것이다. 또 '남은 재고 ○개', '타임 세일'이라

---

10 배가 어느 지점에 닻을 내리면 그 이상 움직이지 못하듯, 인간의 사고가 처음에 제시된 하나의 이미지나 기억에 박혀 버려 어떤 판단도 그 영향을 받아 새로운 정보를 수용하지 않거나 이를 부분적으로만 수정하는 행동 특성.

는 표시나 땡땡 종을 울려 세일한다고 알리는 수법도 '희소성의 원리'라는 심리 법칙을 사용한 교묘한 전략이다.

근검 · 절약만이
'미덕'이 아니다

　　이처럼 돈의 생활 습관을 열거하면 '가급적 불필요한 물건은 사지 않는 것'이 돈의 바른 사용법처럼 받아들여질지도 모르겠다. 그러나 오해하지 않았으면 하는 것은 이것은 어디까지나 나쁜 습관에 대해서 해설하는 것으로 '가급적 불필요한 물건은 사지 않는 것'이 좋은 습관은 아니라는 것이다.

　　지금까지 우리 사회에서는 오랫동안 '근검 · 절약'이 미덕이었다. 많은 사람이 어린 시절부터 부모에게 '낭비하면 안 된다', '세뱃돈은 쓰지 않고 은행에 저금해야 한다'고 배웠다. 이런 전통적인 가치관의 배경에 있는 것이 1946년 종전과 거의 같은 시기에 시작된 '구국저축운동'이다. 국가는 국민을 저축에 힘쓰게 하여 통화 안정을 꾀하고자 했다. 그 때문에 국민은 '저축하는 것이 돈의 바른 사용법'이라는 가치관이 자란 것이다. 그러나 경제가 글로벌화 되고 가치관도 삶의 방식도 다양화 되고 있는 지금 우리는 그 상식에서 벗어나야 한다. 돈을 시대의 흐름에 맞게 사용하지 못하거나, 자신에게 맞게 사용하지 못하면 돈이라는 도구를 인생의 아군으로 만들어 풍족한 생활을 보내는 것은 어렵다. 낭비하지 않고 절약할 수 있는 사람이 절대적으로 '돈을 쓰는 기술이 높은 사람'이라고 여겨지던 시대는 이미 종언을 맞이하고 있다.

이렇게 말하면 현재 40대 후반~50대의 독자는 '오히려 버블 시대[11]는 지금보다도 사치스러운 문화가 있지 않았냐' 하고 생각할 지도 모른다. 그것도 옳은 지적이다. 그러나 버블 경기 당시는 그다지 물가가 상승하지 않은 가운데 수입만이 점점 많아졌다. 그 때문에 자신에게 맞게 돈을 썼다기보다는 '자신을 더욱 멋지게 보이게 하는 것', '생활을 더욱 화려하게 보이게 하는 것'이라는 겉치레에 돈을 쓴다는 생각이 훨씬 강하지 않았을까?

그리고 버블 붕괴 후에 온 것이 '잃어버린 20년'이다. 겉치레 때문에 돈을 쓰던 버블 시대는 완전히 바뀌어 반면교사가 되어 다시 절약이 미덕으로 여겨지는 시대가 도래한다. 길고 긴 터널 안에서 출구가 보이지 않는 가운데 미래의 불안을 제거하기 위해 꾸준히 절약하여 저축을 늘려갔다. 그 결과가 지금 시니어 층의 저축액이다. 총무성의 가계 조사(2014년)에 의하면 2명 이상의 세대 중 세대주가

---

11   1980년대 후반부터 1990년 초반의 호황기.

60~69세의 평균 저축액은 2억 4,340만 원, 70세 이상은 2억 4,520만 원. 전 연령 평균 1억 7,980만 원의 약 1.4배이다. 물론 퇴직금도 포함되어 있겠지만 '미래의 불안에 대비해서', '노후를 위해서'라고 착실히 노력을 거듭한 결과인 것도 사실이다.

절약과 맞바꾼
소중한 것

그러나 열심히 절약하는 대신 우리는 소중한 것을 잃고 있다. 그것은 '경험'이다. 지출을 보면 그 사람의 사고와 행동을 알 수 있다고 앞에서 말했다. 바꿔 말하면 지출을 줄인다는 것은 사고와 행동을 제한하는 것이기도 하다. 자신의 시야를 넓혀 줄 해외여행에 가지 않고 돈을 모으는 행위, 집이나 회사에서 거의 움직이지 않고 생활하는 것으로 지출을 억제하는 행동 이것은 많은 것을 경험하고 자신의 그릇을 넓히는 '기회'를 스스로 버리는 행동이기도 하다. 이런 기회를 희생하는 대신 저축하고 있는 것이다.

남편들의 용돈도 이런 상황을 상징하고 있다. 신생 은행의 조사에 의하면 직장인 남성의 한 달 용돈 평균액(2014년)은 3만 9,572엔(약 40만 9,657원)이다. 여기서 각출해야 할 것은 가정마다 다르겠지만, 어쨌거나 자유롭게 사용할 수 있는 금액이 적다는 것이 실태이다. 근년 여성의 사회 진출이 급속히 늘어나고 있지만 많은 가정에서는 여전히 남편이 돈을 버는 주체이다. '마미 트랙[12]'이라는 말이 일부에서 사회 문제화 되고 있는 것에도 알 수 있듯이 아내가 능력이 있는 여성이라고 해도 결혼과 출산 후에 남성과 같은 수준의 수입을 유지하는 것은 현실적으로 쉽지 않다.

당신이 기업의 경영자라면 가장 큰 매출과 이익을 내는 사업에 대해 새로운 투자를 하지 않고 경비 절약을 꾀하는 판단을 내릴 것인가? 그렇게 한다면 아마도 그 사업은 확대되지 않고 기업 전체가 점점 쇠퇴해 갈 것이다.

용돈을 제한한다는 것은 가정 내에서 가장 커다란 매출과 이익을 가져오는 사업에 대해서 투자하지 않고 경비 절약을 하는 것과 마찬가지다. 용돈을 제약하는 것에 의해 경험하는 기회를 희생시키면 그릇이 커지기 어렵다. 그릇이 커지지 않으면 당연히 수입도 크게 오르지 않는다. 그뿐만 아니라 정보화, 글로벌화가 진행되는 가운데 성장하지 않고 그 자리에 머무르는 것은 상대적인 하강을 의미한다.

수입이 올라가지 않으면 저축을 늘리기 위해 남겨진 답은 '더욱더 절약'밖에 없다. 따라서 '돈을 쓰는 것은 악'인 양 물건 사는 것을 억제하고 행동 범위를 억제한다. 이렇게 해서 돈에 의해 여러 가지 제약을 받게 되는 악순환의 연속인 인생이 만들어지는 것이다. 이

---

12   출산·육아 등으로 승진에서 탈락한 여성.

러한 악순환에 빠지지 않기 위해서는 미래가 불안해도 저축만 하지 말고 의식적으로 돈을 쓸 필요가 있다.

돈을 써서 경험을 쌓고 사고와 행동을 넓힌다. 버블 당시처럼 자신과 생활의 겉치레를 위한 소비가 아니라 창조적인 경험과 생활을 쾌적하게 하기 위한 서비스, 자신을 연마하기 위한 시간에 투자한다. 이러한 축적에 의해 그릇이 커지고 수입이 오르며 자신다운 라이프스타일이 구축되어 진정으로 풍족한 인생으로 연결되어 간다.

선입관을
버린다

돈의 사용을 진정으로 풍족한 인생으로 연결하기 위해서는 자신도 모르게 몸에 밴 선입관을 모두 버릴 용기가 필요하다. 예를 들면 당신 안에 이런 선입관은 없는가?

- 대기업에 취직하면 안정된 수입을 얻을 수 있다
- 절약은 미덕이다
- 땀 흘려 번 돈은 가치가 있다
- 아이가 태어나면 교육 보험에 가입해야 한다
- 내 집을 마련해야만 제대로 된 어른

- 자산운용은 게임 같은 것
- 주택담보 대출 이외의 빚은 져서는 안 된다
- 은행에 돈을 맡기는 것이 가장 안전
- 생명 보험을 들어야만 한다
- 연봉이 오르지 않으면 돈을 저축할 수 없다

만약 생각했던 선입관이 있다면 자신에게 물어보자. 그 가치관은 어디에서 온 것일까? 그것이 자신의 경험에 근거한 것이라면 그것은 괜찮다. 그러나 어린 시절부터 가정환경이나 부모의 가르침에 의해 만들어진 가치관이라면 한 번은 과감하게 버릴 필요가 있다. 왜냐하면 누구나 체감하듯 세계는 놀랄 정도의 속도로 변화하고 있다. 〈사자에 상[13]〉의 세계관과의 차이를 생각하면 알기 쉬울 것이다. 20~30년 전은 스마트폰은커녕 휴대폰도 보급되지 않았고 인터넷도 없었다. 당연히 인터넷 쇼핑도 인터넷 뱅킹도 없었다. 해외여행을 갈 수 있는 사람은 일부 유복한 가족으로 영어로 말할 줄 아는 사람은 극히 일부였다. 자기 소유의 집에서 3세대가 함께 사는 것이 당연했다. 인터넷으로 보험을 들거나 주식을 하는 일도 없었다. 개인이 자산을 운용하기 위해서는 어느 정도의 돈이 필요한 시대였

---

13   만화가 하세가와 마치코(長谷川町子)의 만화작품 및 동명의 애니메이션 작품. 국민적인 만화로 손꼽히는 작품으로 1969년 후지TV를 통해 방송된 지 40년이 넘은 초장수 작품이다. 도쿄 사쿠라신마치에 거주하는 극히 평범한 일본의 가정과 그 주변 인물들로 구성되어 있다. 당시 일본의 시대적 배경을 상징하는 내용들이 많은 것을 그 특징으로 하고 있다.

다. 10년이면 강산도 변한다고 하지만 그 몇 배의 격세지감을 느끼는 것은 부정할 수 없다.

부모의 가르침이 모두 무의미하다고는 할 수 없지만 특히 돈에 관한 것은 안타깝지만 예전의 상식은 현재의 비상식이라고 해도 좋다. 이런 선입관을 그대로 이어받으면 뜻밖에도 인생에 브레이크가 걸리는 결과를 초래하는 경우가 많다. 예를 들어 정말로 주택담보 대출 이외의 빚은 지지 않는 편이 좋은가?

'빚을 지는 것은 좋지 않다'라는 선입관을 가지면 어떤 빚도 지지 않는 편이 좋다고 생각하게 되는데, 빚도 여러 가지가 있다. 부동산으로 자산운용을 하려고 할 때 현금만으로는 구매할 수 있는 수익 물건이 한정된다. 그러나 금융기관에서 융자를 받아 레버리지 효과[14]를 이용하면 자신이 가지고 있는 자금의 몇 배의 수익형 물건을 살 수 있다. 물건에 따라 달라지겠지만 확실히 공부하고 임하면 몇 십 년 동안 안정된 수입을 얻는 구조를 구축할 수 있다. 그것이야말로 부지런히 저축하는 것보다는 훨씬 효율이 높고 노후 생활 자금을 준비할 수도 있다.

그렇다면 주택담보 대출은 어떤가?

내 집 마련의 꿈이 각인된 우리는 주택담보 대출을 받는 것에 대해서 저항감이 극히 적다. 그 때문에 빚이라는 단어에는 나쁜 이미

---

14   타인으로부터 빌린 자본을 지렛대 삼아 자기자본이익률을 높이는 것을 말하며 지렛대 효과라고도 한다.

지를 가지고 있어도 특히 주택담보 대출에 관해서는 예외라는 사람이 적지 않다. '내 집은 자산이 되니까'라며 당연한 듯 30년, 35년 등 장기로 주택담보 대출을 받는다.

그러나 수억 원의 주택담보 대출을 받아 구매한 부동산은 수익을 내지 않는다. 즉, 변제를 위한 자금은 자신들이 일해서 얻는 수입이다. 샀을 뿐인데 그것으로 30년, 35년 매월 급여에서 갚아야만 한다. 만일의 일이 발생하여 사망할 경우 단체 신용 생명보험에서 보험금을 주거나, 최근에는 암이나 뇌졸중 등의 중대 질병이라고 진단을 받은 경우에는 변제를 면제받는 주택담보 대출도 등장했다. 그러나 일반적인 병이나 부상으로 일을 장기적으로 쉬어야 할 경우나 회사에서 정리해고를 당하거나 부모의 병구완을 해야 해서 일을 계속할 수 없게 되거나 회사가 업무 부진으로 월급이 큰 폭으로 삭감된 경우에 대신 주택담보 대출을 갚아줄 사람은 아무도 없다. 이렇게 생각하면 금액도 많고 변제 기간도 긴 주택담보 대출은 오히려 수익 물건을 구매하는 경우의 융자보다도 위험 부담이 높은 빚이라고 할 수 있다.

지금 돈에 관한 교육은 의무 교육에서 거의 행해지지 않는다. 따라서 부모로부터의 가르침이 우리 선입관의 많은 부분을 차지하고 있다. 그러나 안타깝게도 그것은 20~30년 전의 생활환경에 근거한 고정 관념에 사로잡혀 있어 현대 시대에는 맞지 않는 경우가 대부분이다. '돈의 교양'을 높이고자 하는 우리는 우선 그와 같은 선입관을 버리는 일부터 시작해야 한다.

돈은
당신을 비추는 거울

돈 사용법은 그 사람 자체를 나타낸다. 이 책은 '돈의 교양'을 높이는 것의 중요성에 대해서 말하고 있는데 따지고 보면 돈은 당신의 지성, 사고, 인간성이라는 '교양' 그 자체인 것이다. 그렇기 때문에 선입관을 버리고 내면의 자신과 대치하며 '한 번밖에 없는 인생을 어떻게 살고 싶은가?', '자신에게 있어서 진정한 풍족함이란 무엇인가?'를 생각하여 그것을 실현할 수 있도록 돈을 사용하여야 한다.

제3장

돈이란
무엇인가?

돈은 수단이다. 목적이 아니다.

그런 건 누구나 알고 있다.

그럼에도 돈을 눈앞에 대하면,

즉시 목적으로 바뀌어 버린다.

돈은 '수단을 목적화' 시키는데 왕이다.

왜 그런가? 누구나 가지고 있고 매일 마주하며

벌기도 하고 쓰기도 하는 돈,

그것이 사실 무엇인지를 모르기 때문이다.

돈이란 무엇인가를 일단 알게 되면,

본래의 목적을 정면으로 마주할 수 있다.

①

돈이란 대체 무엇인가

우리는 대부분 사회에 나가 돈 버는 것을 최종 목표로 오랜 세월 동안 공부하고 고학력을 얻고 좋은 회사에 취직하기 위해 노력한다. 그리고 취직한 후에도 하루 중 대부분의 시간을 일하며 월급을 받는다. 게다가 받은 월급을 열심히 저축하여 그 잔액에 일희일우一喜一憂한다. 인생이 임종을 맞이하기까지 주어진 시간이라고 한다면 그 시간의 대부분을 '돈을 얻는 일'에 쓰고 있다고 할 수 있다.

그렇게까지 해서 얻고 싶은 '돈'이란 대체 무엇인가?

중·고등학교 사회과나 대학 교양과목에서 '경제'에 대해서 배우는 경우는 있어도 '돈이란 무엇인가?'라는 본질적인 물음에 대해서 배울 기회는 거의 없다. 생활하는데 돈은 끊으래야 끊을 수 없는 것임에도 돈 자체를 정면으로 마주하고 진지하게 생각하는 경험은 거의 하지 않은 채 우리는 매일 가족처럼 돈과 얼굴을 마주하고 있다.

이러한 모순이 일어나고 있는 배경에는 생활하는데 돈이 필요불가결하다는 것을 알면서도 마음 어딘가에서 돈은 '더러운 것', '저속한 것'이어서 멀리하고 싶다는 기분이 드는 깃이다.

'벼락부자', '배금주의', '돈에 눈먼 사람'이라는 말에서도, '부자'라는 평범한 말에서도, 돈에 대한 부정적인 분위기가 전해져 온다. 정치인의 부정이 뉴스에 보도될 때에는 반드시 '정치와 돈 문제'라고 편집되어 나쁜 인상을 주는 표현이 사용된다.

이와 같은 풍조가 강하게 자리 잡은 시대에 '돈이 좋다'고 공공연하게 말하는 것에는 분명 용기가 필요할 것이다. 사이좋은 친구지간, 부자지간 때로는 부부지간조차 돈 이야기를 하는 것은 꺼려진다. 돈을 가지고 진정으로 풍족한 인생을 살고 싶다면 우리는 우선 이런 돈에 대한 부정적인 선입관과 감정을 버려야만 한다. 그리고 돈을 정면으로 마주하고 더욱 풍성한 인생을 살기 위해 돈을 어떻게 다루어야 할지 진지하게 배우는 것부터 시작해야만 한다.

몹시 좋아하지만
생각나지 않는다

내가 2002년에 창립하고 대표를 맡은 '파이낸셜 아카데미'에서는

1년에 한 번 '돈의 교양 페스티벌'이라는 이벤트를 개최하고 있다. 매회 각계 저명한 강사를 초청하고, 수천 명이 참가하고 있는데 그 중에서 인상에 남는 장면이 있다.

2014년에 행해진 강연 중에 강사가 그 자리에서 참여자 한 명을 지명하여 단상에 세우고 "화이트보드에 천 원 지폐(원문 천 엔 지폐를 전환 - 편집자 주)를 그려 보세요"라고 부탁했다. 그는 직사각형 좌우에 1000이라는 숫자와 인물까지 그리고는 지폐의 중앙에 그림이 있다는 것은 알면서도 그 이상의 세부 모양은 생각해 내지 못했다.

과연 당신은 천 원 지폐를 어느 정도 정밀하게 그릴 수 있는가?

우리 대부분은 매일 천 원 지폐를 본다. 누구나 받으면 기쁘고 길에 떨어져 있으면 줍고 싶어진다. 즉, '엄청 좋아하는' 존재이다.

눈의 윤곽, 쌍꺼풀이 있는지 없는지, 머리카락의 색, 피부색, 점의 위치 등 연애를 하면 좋아하는 사람의 얼굴을 상당히 자세히 생각해 낼 수 있다. 그런데도 돈에 대해서는 엄청 좋아하면서도 흐릿하게 밖에는 생각해 내지 못한다(나는 그렇지 않다고 생각하는 사람은 실제로 그려 보기를 바란다). 돈이란 이렇게도 신기한 존재이다.

그리고 또 하나 신기한 것은 왜 모양이나 색, 그려져 있는 도안이 다르다는 이유만으로 가치가 달라지는가 하는 것이다. 1원 동전과 1만 원 지폐의 무게는 양쪽 모두 약 1그램 정도(원문 일본 엔을 한국 원으로 전환 - 편집자 주). 1원 동전은 알루미늄 100%로 만들어졌다. 여기에 비해 1만 원 지폐는 보는 대로 종이(면)로 만들어졌다. 그 원가는 모두 약 30~200원 정도인데, 가치는 1만 배 차이가 난다. 이 차이는 어디에서 왔느냐는 질문을 받는다면 설명은 쉽지 않을 것이다.

돈이란 대체 무엇인가? 매일 밀접히게 관계를 맺고 있으면서도 이 간단한 명제조차 좀처럼 대답하지 못한다. 그것이 돈이라는 것이다.

돈의 3가지 기능

돈이란 크게 3가지 기능이 있다. 첫 번째는 '물건이나 서비스와 교환하는 수단으로서의 기능'이다. 전국 혹은 세계의 어느 가게에서도 정해진 금액의 돈을 내면 즉시 원하는 것을 손에 넣을 수 있다. 이것은 화폐가 보편적인 교환 기능을 가지고 있기 때문이다.

두 번째는 '가치를 재는 척도로서의 기능'이다. 1,000원에 팔리는 물건과 10만 원에 팔리는 물건이 있다고 하면, 아마도 10만 원에 팔리는 물건이 가치가 높을 것이라고 생각할 수 있다. 물건의 가치를 '돈'이라는 공평한 척도로 재서 숫자로 나타낼 수 있는 것이다.

그리고 세 번째가 '가치를 축적해 두기 위한 기능'이다. 지금 당장 사용할 필요가 없으면 모아둘 수 있다. 즉 '저축'이다. 몇 년, 몇십 년 모아두어도 돈은 썩지 않는다(가치가 떨어지는 일은 있을지도 모

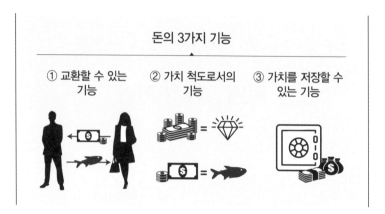

른다). 필요하다면 언제라도 그 돈으로 물건이나 서비스와 바꿀 수 있다. 그것이 미래의 불안을 불식시켜주거나 인생에 있어서 안심감을 준다.

　각각에 대해서 조금 더 자세히 살펴보자.

기능 ①
물건이나 서비스와 교환하는
수단으로서의 기능

일찍이 '돈'이라는 것이 존재하지 않았던 시대에서 유통은 모두 생선이나 고기 등 물물교환으로 성립되었다. 그러나 그렇게 해서는 자신이 뭔가를 원했을 때 상대가 내가 가지고 있는 물건 중 무엇도

가지고 싶어 하지 않으면 물물교환은 성립되지 않는다. 따라서 원하는 것을 손에 넣을 수가 없다.

그 점에서 돈은 어떤가? 돈을 사용하면 상대가 요구하는 금액을 주는 것으로 원하는 것을 즉시 손에 넣을 수 있다. 그것은 해외에서라도 가능하다. 일본 엔을 미 달러 등 현지 통화로 교환하여 가지고 있으면 해외에서도 국내에서와 마찬가지로 자유롭게 원하는 물건이나 서비스를 손에 넣을 수 있다. 지금은 특히 인터넷 쇼핑을 할 때 이 기능의 편리성이 현저하다. 수치 데이터로서 '돈'을 게재시키면 실제로 현금을 가지고 거래하지 않더라도 언제 어디서라도 물건을 구매할 수 있다.

기능 ②
가치를 재는 척도로서의 기능

가치를 재는 척도로서의 돈의 기능은 다시 3가지로 나눌 수 있다. 첫 번째는 '물건이나 서비스의 가치를 재는 척도', 두 번째는 '통화의 가치를 재는 척도' 그리고 세 번째는 '사회적 가치나 평가를 재는 척도'이다.

예를 들어 편의점에서는 커피 한 잔을 1,000원 정도에 구매할 수 있다. 한편 같은 커피 한 잔이라도 스타벅스라면 4,000원 전후다.

이런 경우 '어느 쪽이 가치가 높겠는가?'에 대해 돈을 기준으로 비교할 수 있다. 또한 나중에 자세히 설명하겠지만 여기서 재는 가치는 흔히 말하는 '교환가치'라고 불리는 것이다.

두 번째 '통화 가치를 재는 척도'란 어떤 것인가?

한 마디로 '돈'이라는 것은 세계를 둘러보면 일본 엔도 있고 미국 달러, 유로, 위안 등 여러 가지 통화가 유통되고 있다. 해외에서 물건을 사거나 물건을 수출할 때에는 이 통화들끼리 상대적인 가치를 비교하여 교환할 필요가 생긴다. 이때 사용되는 것이 소위 말하는 환율이다. 참고로 통화 가치를 잴 경우 대부분 사람은 당연히 자국의 통화를 기준으로 한다. 한국에 살고 있다면 보통 '1달러 몇 원?', '1유로 몇 원?'이라고 생각한다. 반대로 미국 달러를 사용하는 나라에 사람들은 '1만 원은 몇 달러?', '1유로는 몇 달러?'라고 통화의 가치를 잰다. 해외에 나가면 현지 호텔이나 환전소에 표시한 환율이 자국과는 전혀 다른 숫자로 표시되는 것은 이 차이에 의한 것이다. 한국 원을 기준으로 하면 '1달러=1,100원'이라도 미국 달러를 기준으로 하면 '1만 원=8.83달러'라고 표시되는 것이다.

세 번째는 '사회적 가치나 평가를 재는 척도'이다. 물건이나 서비스의 가치를 재는 경우에도 '비싼 것=좋은 것'이라고 추측할 수 있는 것처럼 사람에 대해서도 '연간 수입이 높은 사람=일을 잘하는 사람, 사회에서 필요로 하는 사람'이라는 것을 알 수 있다.

'권리'의 사회적 평가도 돈으로 잴 수 있다. 특허권이나 부동산의 소유권이나 차지권借地權, 지상권이 그 대표적인 것이다. 2012년 10월에 도쿄역 마루노우치[15]쪽 붉은 벽돌 역사驛舍가 리뉴얼하여 오픈했는데 JR히가시닛폰東日本은 이 보존·복원 공사에 든 약 500억 엔(약 5,175억 원)의 비용을 사용하지 않은 건물의 용적률, 즉 '공중권[16]'을 팔아서 조달했다.

최근에는 이산화탄소의 배출권도 돈으로 매매되는 등 돈의 가치를 재는 척도로서의 기능은 점점 그 기능을 넓히고 있다.

기능 ③
가치를 저장해 두기 위한 기능

돈이 존재하지 않았던 시대의 유통은 생선이나 고기 등의 물물교환으로 성립했다. 그러나 생선이나 고기는 시간이 지나면 썩어버리기 때문에 가치를 보존할 수 없다는 결정적인 문제가 있었다. 이때 등장한 것이 돈이라는 획기적인 '도구'다. 보관하기도 좋고 가지고 다니기도 편하다. 바로 사용하지 않을 거라면 저축해 두고 자신이 사용하고 싶은 때와 장소에서 물건이나 서비스로 교환할 수 있다. 썩지도 않는다.

---

15 일본 도쿄에 있는 빌딩가.
16 토지의 지표면과 별도로 독립된 지표 위의 상부 공간에 대한 권리로 토지의 입체적 이용 관점에서 시설·토지 및 건물 상공의 공간에 대한 개발용량의 소유권.

또 돈은 모아 둠으로 다른 가치가 생긴다. 그것은 눈에 보이지 않는 '안심'을 얻을 수 있다는 것이다. 500만 원을 모아두면 500만 원만큼의 안심, 3억 원을 모아두면 3억 원만큼의 안심을 얻을 수 있다.

일에 대한 불안, 부상이나 질병에 대한 불안, 노후 생활에 대한 불안 등 사람이 미래에 대해 느끼는 불안은 끝이 없다. 이러한 불안을 불식하고 기회를 놓치지 않고 하고 싶은 일을 실현해 가기 위한 안심요금으로서도 돈은 커다란 기능을 한다.

3

돈의 역사

우리는 화폐 경제 가운데 살고 있다. 화폐 경제에서는 돈만 있으면 대부분의 물건이나 서비스를 손에 넣을 수 있다. 그러나 여기에 도달하기까지는 여러 가지 변천의 역사가 있었다. 초·중학생 무렵 사회에서 배운 것처럼 태곳적에는 물물교환이 유통의 모든 것이었다. 그러나 물물교환은 상대가 자신이 가지고 있는 것을 원하지 않으면 교환이 성립하지 않는다. 그래서 서서히 조개껍데기나 천, 곡물 등 수집하거나 배분하기 쉽고 가지고 다니거나 보존하기 쉬운 것이 교환의 매개체로 중요시 여겨지게 되었다.

일본의 최고 오래된 통화는 7세기(아스카飛鳥 시대)의 '후혼센富本錢'이라고 하는데, 그 후 12~14세기의 가마쿠라鎌倉 시대까지 천이나 옷, 쌀이나 생활 용품으로 물물교환하는 문화가 계속된다. 옛날이야기에 가끔 나오는 물고기를 잡거나 천을 짜 그것을 시장에 가지고 가서 쌀과 바꾸는 장면에서도 알 수 있을 것이다.

세계에서 가장 오래된 지폐로서 기록에 남아 있는 것은 고대 메소포타미아이다. 여기에서는 거래할 때마다 금속의 무게를 재서, 그 무게를 가치의 단위로써 지급했다는 기록이 남아 있다. 기원전 14세기 무렵 그려졌다는 이집트 고대 벽화에도 금속의 무게를 천칭으로 재는 그림이 남아 있다.

현재 역사상 가장 오래된 동전은 기원전 7세기에 현재의 터키에 해당하는 리디아 왕국에서 만들어진 동전이다. 금과 은의 합금으로 만든 '엘렉트럼 주화'라고 불린 이 동전의 특징은 무게가 다른 것이 여러 종류 만들어졌다는 것이다. 이 무게의 차이에 의해 동전마다 가치가 달랐을 것이라고 추측한다. 이것이 발단되어 동전은 물물교환을 매개하는 편리한 도구로서 고정된 지위를 확립하고 급속히 세계 속으로 퍼져 간다. 돈의 역사에 있어서 제1의 전기이다. 그리고 세계의 여기저기로 금화나 은화라는 형태로 독자적인 동전이 유통되게 된다.

'개주改鑄' 라는
전환점

그래서 무슨 일이 일어났는가? 경제가 발달하고 동전을 활용한 교역의 양이 늘어남에 따라 동전을 제조하는 데 필요한 금속이 만성적으로 부족하게 되었다.

그래서 맞이한 제2의 전기가 '개주'이다. 개주란 금과 은 등 희소가치가 높은 금속에 동처럼 공급량이 많고 가치가 낮은 금속을 섞어서 '양을 늘리는 방법'이다. 이것에 의해 지금까지는 '동전의 가치=금속이 가진 가치'였던 것에서 완전히 변하여 금속으로서의 가치는 크지 않아도 동전으로서의 가치가 인정받게 되어 간다.

시간이 지나면서 경제는 점점 가속적으로 발전해 갔다. 그렇게 되면 아무리 개주를 거듭하고 금이나 은의 밀도를 낮춰도 동전이 부족하게 된다. 게다가 교역 범위가 넓어짐에 따라 무게가 나가는 동전을 멀리까지 운반하는 것이 어려워진다. 그래서 탄생한 것이 지폐의 원형인 '수표'이다. 상인이 이웃 나라로 교역을 가기 전에 환전상에게 금화 300개를 맡긴다. 그러면 환전상은 그 확인증으로서 금화 300개분의 '돈 교환권'을 건넨다. 상인은 그것을 가지고 이웃 나라에 가서 사들인 물건의 대가로서 그 교환권을 상대에게 건넨다. 건네받은 상대는 환전상에게 교환권을 가지고 가면 금화 300개를 받을 수 있다는 구조이다. 이윽고 교환권은 그 자체가 동전과 마찬가지로 아니 오히려 동전보다도 가치가 높은 것으로써 일반적으로 사용하게 된다. 종잇조각이 '지폐'로서의 의미를 갖기 시작한 것이다.

중앙은행의 탄생

그러나 진화는 보통 수단으로는 안 된다. 지폐가 가치를 얻기 위해서는 단순한 종잇조각이 아니라 금화 몇 개와 확실히 교환할 수 있는 '신용'이 필요하다. 당시 지폐를 발행하는 곳은 여러 곳이 있었는데 그중에는 교환 능력이 부족하여 파탄한 경우도 있었다. 1656년에 설립된 스웨덴의 민간 은행인 스톡홀름 은행이 그 대표적인 예이다. 스톡홀름 은행은 유럽에서 처음 지폐를 발행했지만 재정난에 빠져 파탄하게 된다. 그래서 스웨덴 의회 감독하에, 1668년에 설립된 것이 현재의 스웨덴 국립 은행이다.

계속해서 1694년에는 현재의 영국 국영 은행인 잉글랜드 은행이 설립된다. 이후도 속속 각국에서 국영 중앙은행이 설립되어 그 신용에 의해 지폐는 교역에서 빠질 수 없는 도구로서 지위를 급속히 확립해 갔다.

금본위제의 시대로

다음의 전기는 중앙은행 탄생 약 150년 후 1816년에 온다. 같은 해 산업혁명으로 금융대국이 된 영국이 세계에서 처음으로 '금본위제'를 채용한 것이다. 금본위제란 중앙은행이 발행한 지폐와 같은 금액의 금을 항상 보관하는 것으로 금과의 태환[17]을 보증한다는 제도이다.

그때까지 중앙은행의 눈에 보이지 않는 '신용'에 의해 유지하고 있던 자국의 지폐 가치를 금이라는 실물 자산 가치에 의해 보증한다. 이 일은 지폐의 역사에 커다란 패러다임 시프트(인식의 전환 - 역자 주)를 초래했다.

그 후 영국에 커다란 행운이 찾아온다. 1770년에 캡틴 쿡Captain Cook에 의해 식민지화했던 오스트레일리아에서 1851년 세계 최대의 금광이 발견된 것이다. 캘리포니아에 이은 골드러쉬를 불러일으킨 오스트레일리아에서 채굴된 금으로 인해 영국은 넘쳐날 정도의 금으로 금본위제를 유지하며 세계에서 압도적인 패권을 쥐게 되었다. 그리고 1816년 영국 통화인 '파운드'가 세계 최초로 기축통화[18]가 됨과 동시에 '세계에서 가장 금을 많이 보유하고 있는 나라의 통화가 기축통화'라는 세계의 상식을 만들어낸다.

---

17   지폐를 본위 화폐와 바꿈.
18   국제간의 결제나 금융거래의 기본이 되는 통화.

그러나 영국의 패권은 계속되지 않았다. 제1차 세계대전까지는 파운드가 기축통화로서 지위를 유지했지만, 영국 경제는 방대한 군사비에 의해 피폐해 간다. 그리고 제2차 세계대전이 끝날 무렵에는 영국을 대신하여 세계 제일의 금 보유국이 된 미국이 세계의 패권을 쥐게 된다. 제2차 세계대전 말기인 1944년 7월에 미국 뉴햄프셔 주 브레턴우즈에서 체결된 '브레턴우즈 협정'에서 미 달러를 기축통화로 함과 동시에 '금 1온스=35 미 달러'로 고정한다고 정한다. 동시에 각국의 통화를 미 달러에 의한 교환 비율도 정한다. 파운드가 기축통화였던 시대는 100년 정도 지속하다가 끝난 것이다.

세계의 돈을 모아 자국의 통화를 기축통화로 만든 미국은 당시 세계의 금 중 75%를 보유하고 있었다고 한다. 그 보유량은 1950년대 후반에 약 220억 달러 상당에 이르렀다.

금본위제의 함정

이렇게 보면 미 달러가 기축통화로 만들 수 있었던 것은 '금본위제'라는 구조가 있었기 때문이라고 할 수 있는데, 그 금본위제도 만능은 아니었다. 오히려 결정적인 약점이 있었다.

그 약점이란 '중앙은행이 보유하고 있는 금과 같은 금액까지만 지폐를 발행할 수 있다'라는 것이다. '금과 교환할 수 있다'라는 신용이 지폐의 가치를 유지하는 것이기 때문에 당연하다면 당연한 것이었다.

호경기가 계속되면 여기에 문제는 없다. 그러나 안타깝게도 현실은 가혹했다. 소련과의 냉전, 그리고 베트남 전쟁으로 막대한 군사비 부담을 진 미국은 그 채무를 갚기 위해서 지폐의 발행을 늘릴 수밖에 없었다. 이것과 대조적으로 실물 자산인 금의 인기는 상승할 뿐이었다. 금이 팔렸기 때문에 미국의 금 보유량은 1960년 말에는 30억 달러 이상이나 감소한다. 그리고 본래 금본위제하에서는 보유하고 있는 금과 같은 금액까지만 지폐를 발행할 수 있었는데 이 원칙은 조금씩 깨져간다. 미 달러의 발행 잔액은 1968년에는 금 보유량의 약 2배, 1970년에는 약 5배까지 부풀어 올랐다.

닉슨 쇼크와
금본위제의 종언

그리고 결국 1816년 영국에서 시작된 금본위제는 1944년 브레턴우즈 협정으로부터 불과 27년 만에 종료된다. 1971년 8월 15일, 당시 닉슨 대통령이 텔레비전과 라디오를 통해서 금과 미 달러와의 교환을 정지한다고 발표한다. 이것이 흔히 말하는 '닉슨 쇼크'다.

이 발표는 회의에서의 심의가 아니라 정부가 독단적으로 한 것이다. 그만큼 다급한 상황이었다는 것을 알 수 있다. 이 발표로 세계 경제가 받은 충격은 헤아릴 수 없었다. 어쨌든 닉슨 쇼크에 의해 통화는 금의 뒷받침이 없는 상태에서 자유롭게 거래되게 되었다. 관점을 바꾸면 '금'과 일심동체로 걸어온 길고 긴 역사가 막을 내리고 물질적인 제약으로부터 해방되어 겨우 통화로서 독립했다고 할 수 있다.

현재 우리가 날마다 사용하고 있는 지폐는 실물 자산인 금과의 교환이 약속되지 않는다. 종잇조각인 지폐를 '돈'답게 하는 것은 다름 아닌 '신용'이다. 신용만으로 가치를 유지하고 있는 종잇조각이 세계에서 거래되고 그것에 의해 경제가 성장한다. 그리고 사람들은 그것을 손에 넣거나 넘겨주거나 하여 일희일우하면서 시간을 보내고 있다.

이런 역사를 더듬어 가면 돈이 '역사의 매개물'이라는 존재로부터 사람과 사람 사이의 '신용의 매개물'로서 변화해 온 것을 잘 알 수 있다. 그리고 이 '신용의 매개물'로서의 특징은 앞으로도 점점 현저해질 것이다.

4

돈은 시대와 함께
진화한다

        돈의 역사를 풀어 가다 보면 새롭게 깨닫게 되는 것이 있다. 그것은 돈이라는 것은 인류 최대의 발명이라고 해도 과언이 아닐 정도로 편리한 도구라는 것이다. 돈이라는 것이 세상에 탄생하지 않았다면 가구 장인은 자신이 만든 가구와 교환하는 방법 외에는 원하는 물건을 손에 넣을 수 없었을 것이다. 병원에서 진찰을 받고 싶어도 자동차에 휘발유를 넣고 싶어도 운 좋게 '그 대신 가구를 갖고 싶다'는 사람을 만나지 못하면 옴짝달싹 못 하는 것이다. 그러나 '돈'이라는 개념이 생긴 것으로 물물교환으로 밖에는 행해지지 않았던 유통은 범위도 양도 단번에 넓어졌다. 만든 가구를 돈과 교환하는 것으로 그 가치를 보존할 수 있게 되어 가구를 잘 만드는 사람은 우연한 만남을 의지하지 않아도 보존해 둔 돈과 교환하는 것으로 언제든지 자신이 원하는 것을 손에 넣을 수 있게 되었다. 이 '돈'이라는 획기적인 도구의 발명은 우리에게 더할 나위 없이 소중한 두 가지를 가져다 주었다.

첫 번째는 비약적인 경제 발전이다.

'돈'이라는 도구에 의해 개인 간은 물론 타국 간에도 교역이 쉬워졌다. 돈에 의해 경제는 이전까지와 비교할 수 없을 정도로 급속한 발전을 이룰 수 있었다. 빅뱅이 일어나지 않았으면 우주는 존재하지 않는 것처럼 '돈'이 발명되지 않았다면 현대의 자본 경제는 존재하지 않았을 것이다.

그리고 두 번째는 우리가 좋아하는 것이나 잘하는 것을 직업으로 삼을 수 있게 해주었다는 것이다. 우리는 자신이 좋아하는 것, 잘하는 것을 추구한다. 그것에 가치가 있다고 여기는 사람이 세계 어딘가에 있으면, 돈이라는 도구를 사용하여 그 가치를 제공할 수 있다.

우리는 당연한 듯 자본 경제 가운데 태어나 공부해서 사회인이 되고, 돈이라는 수입을 얻는 생활을 하고 있는데 '돈'의 유통과 거기에 따른 자본 경제 발달이 없었다면 좋아하는 일이나 잘하는 일을 하여 수입을 얻지도 못했을 것이고, 레스토랑에서 좋아하는 음식을 먹고, 내 집을 마련하고, 여행을 가는 등의 인생의 자유도 존재하지 않았을 것이다.

우리는 돈이라는 존재에 더욱 감사해야 한다.

인류는 아직
돈의 취급 방법에 익숙하지 않다

그렇다고는 하지만 지폐 경제, 자본 경제는 아직 이것으로 완성된 것은 아니다. 인류의 돈에 대한 역사는 긴 것 같지만 짧다. 인류 ^{Homo} ^{sapiens}가 출현한 약 20만 년 전이라는 긴 역사를 놓고 보면 돈이라는 도구가 등장한 것은 겨우 수천 년이다. 인류 역사 전체의 100분의 1 정도의 '아주 최근'이다. 그 때문에 인류가 아직 돈의 취급법에 익숙하지 않은 것은 당연하다.

1990년 버블 붕괴 후 이미 25년 이상이 지났다. 그러는 사이 우리가 돈을 대하는 방법은 어지러울 정도로 빠른 속도로 변모했다. 전에는 돈의 사용법을 생각할 때 '자신을 더욱 멋지게 보이게 하는 것'에 비용을 지출하는 것은 중요한 선택지 중 하나였다. 자동차, 집, 고급 슈트에 명품 물건 등 다른 사람에게 주는 인상이나 외양 때문에 돈을 쓰는 것이 당연하다는 가치관이었고, 실제로 그렇게 함으로써 자신의 가치가 높아지고 선순환이 생겨나는 시대였다.

그럼 2010년대인 지금은 어떠한가?

우리는 자동차를 사지 않게 되었다. 경자동차나 콤팩트 카 등 이동에 필요한 수단으로써 사기는 하지만, 전처럼 허영을 위해 무리해서 사는 일이 적어졌다. 내 집도 마찬가지다. '내 집 마련을 해야만 비로소 어른이다'라는 사회 통념에 사로잡힌 사람은 줄고 그때 그때의 생활에 맞는 집을 빌려 사는 스타일이 일반화되고 있다. 총무성 통계국의 '주택·토지 통계 조사'를 봐도 30~40대, 소위 내 집 구매의 메인 세대의 보유 비율은 1988년 이후 10% 이상이나 떨어졌다. 물론 그 배경에는 수입 증가의 부진으로 '사고 싶어도 살 여유가 없다'는 사람이 늘어난 이유도 있을 것이다. 그러나 나는 그 본질에 최근 25년 동안 일어난 '돈의 사용법'에 극적인 변화가 일어났다고 생각한다.

2010년 미국에서 출판된 『스펜드 시프트[19] - '희망'을 가져오는 소비』라는 책을 알고 있는가. 미국 마케팅 회사 영앤루비컴사가 50개국 이상 4만 개가 넘는 브랜드에 대해 의식 조사를 한 결과 소비행위의 가치관이 서브프라임 쇼크[20]를 계기로 '호화로운 것'에서 '공감'이나 '윤리', '기분 좋음'으로 전환됐다는 것이다.

그 구체적인 대상은 다음의 두 가지이다.

첫 번째가 '기분이 상쾌하고 즐겁기 위한 물건이나 서비스', 그리고 두 번째가 '시간을 만들기 위한 물건이나 서비스'이다.

이것은 붐의 변천을 더듬어 가면 알기 쉽다. 과거 독자들의 집에도 많이 있었을 것이다. CD 컴포넌트, 비디오카메라, 일안 리플렉

---

[19] 소비 패러다임의 전환을 의미. 경제위기와 재해 등을 겪으면서 과거보다 지역과 공동체를 더 윤택하게 하고 유대관계를 돈독하게 하는 데 가치관을 두는 방향으로 소비와 생활의 패러다임이 변화하고 있다는 개념. Michael D'Antonio, John Gerzema, 『Spend Shift : How the Post-Crisis Values Revolution is Changing the Way We Buy, Sell and Live』, Jossey-Bass Inc Pub(2010).

[20] 2007년에 미국의 초대형 모기지론 대부업체들이 파산하면서 시작된, 미국만이 아닌 국제금융시장에 신용경색을 불러온 연쇄적인 경제위기.

스(SLR) 카메라. 지금은 이 모든 기능을 스마트폰으로 해결하는 사람이 적지 않을 것이다. 그리고 중요한 것은 우리는 스마트폰을 단지 '물건'이나 '기계'로 구매한 것이 아니라는 것이다. 의식적이든 무의식적이든 스마트폰을 구매 후 '쾌적한 생활', '스마트한 생활'이라는 부가가치에 대해서 돈을 쓰고 있는 것이다.

1999년 제1호점을 출점한 이래 젊은 여성들의 지지를 받아 역 근처 빌딩 등을 중심으로 점포 수를 확대하고 있는 '수프 스톡 도쿄Soup Stock Tokyo'도 그렇다. 사내 벤처로서 수프 스톡 도쿄를 만든 토오야마 마사미치遠山正道는 이렇게 말한다.

"수프 스톡 도쿄는 수프 가게가 아니다. 수프를 매개로 감도感度와 커뮤니케이션을 공유하는 것이다"라고. 즉, 여성들이 구매하는 것은 수프 그 자체가 아니라 엄선한 재료로 만든 건강하고 스타일리쉬한 수프를 먹는 여유 있는 시간인 것이다.

옷과 신발, 가방의 소비도 변화하고 있다. 전에는 백화점 등에서 명품 옷이나 신발을 구매하는 것이 하나의 스테이터스(신분·지위)였다. 명품 로고가 박혀 있거나 유명한 디자인이거나 누구나 그 브랜드 제품이라는 것을 알 수 있는 것이 인기가 있었는데, 지금은 무인양품이나 유니클로로 상징되는 심플하고 쾌적한 디자인이 지지를 받고 있다.

무덤도 그렇다. 수천만 원이라는 비용을 들여 시골에 무덤을 만들고 매년 절에 보시를 바치는 전통은 젊은 세대로 내려갈수록 점점 중시하지 않고 있다. 가볍게 성묘할 수 있는 근처의 공원형 봉안당으로 충분하다는 가치관은 허세나 관습을 위한 것이 아니라 쾌적함과 시간을 창출하는 서비스에 돈을 쓰고 싶다는 생각이 드러난 것이라고 할 수 있다.

시간을 사는 사람이 늘고 있다. 집 안 청소 서비스에 구매 대행, 송영送迎 대행 등 가사대행 서비스는 너무 많아서 일일이 셀 수가 없다. 최근에는 아이의 여름방학 숙제를 대행해주는 서비스도 인기라고 한다. '귀찮은 일에 시간을 사용하기보다는 돈을 내는 것으로 시간을 사서 그 시간을 쾌적하게 보내고 싶다' - 물건에 대한 소비 욕구가 옅어진 데 반해 시간에의 욕구가 높아지고 있는 것이다.

1990년대에는 '배드타운'이라고 불린 도심에서 1시간 이상 걸리는 곳에 단독 주택을 구매하여 왕복 3시간 걸려 통학하는 사람도 많았다. 그러나 현재는 다소 비용이 들더라도 가능한 회사 근처에 살고자 하는 사람이 늘고 있다. 도심 회귀도 다시 말하면 소비 대상이 물건에서 시간의 질로 옮겨왔다는 것이다.

기업이 M&A로
사들이고 있는 것

기업의 돈 사용법도 변화하고 있다. 최근에는 인수나 합병 등의

M&A가 급증하고 있다. 연간 M&A 수는 1990년대와 비교하면 4~5배나 늘었다고 한다. 재미있는 것은 M&A의 목적을 경영자가 '시간을 샀다'고 표현하게 되었다는 것이다. M&A에 의해 '산' 것은 대상 기업이 아니다. 제로에서 사업을 시작하여 키워나가는 것이 아니라 이미 자란 것을 돈을 내고 매수하는 것으로 성장기에 들어가기 전까지의 시간을 단축하고 단번에 사업을 확대한다. 기업의 돈 사용법에서도 시간의 존재가치가 높아지고 있는 것이다.

분명히 말할 수 있는 것은 돈이라는 도구가 눈앞의 선택지를 늘려준다는 것이다. 돈이 없으면 스스로 해야 하는 가사도 돈이라는 도구를 사용하여 타인에게 맡기고 자유로운 시간을 손에 넣을 수 있다. 돈이 없으면 걷거나 전철을 갈아타거나 하여 목적지까지 가야 하는 선택밖에는 없지만 돈을 지급하고 택시를 타면 보다 빠르고 편하게 목적지까지 갈 수 있다.

기업의 M&A와 마찬가지로 돈이 없으면 제로에서 시작해야 하지만, 돈을 들여 매수하면 빠르게 성장기에 들어갈 수 있다.

자본 경제가 성숙기에 들어왔다고 하는데, 지금까지의 돈의 역사를 돌아보면 알 수 있듯이, 이것이 최종형最終形이 아닌 것은 분명하다. 지금 책을 읽는 동안에도 혁신적인 스피드로 진화를 이루고 있다. 머지않아 다가올 미래에는 자본주의보다도 진화된 지금의 우리는 상상도 하지 못할 새로운 경제형經濟形이 기다리고 있다고 생각하는 것이 자연스러울 것이다.

그중에서도 금융 경제교육이 뒤처진 우리는 돈의 취급 방법에 관해서는 아직 개발도상국이다. 많은 사람이 자본주의란 무엇인가? 돈이란 무엇인가? 라는 본질적인 물음에 대해서 깊이 생각할 기회 없이 사회에 나와 단편적인 지식을 짜 맞추어 보다 높은 수입을 지향하거나 와이드 쇼를 보고 절약에 열중하거나 지인이 권하는 대로 생명보험에 가입하거나 경제지를 한 손에 들고 재테크에 힘쓰고 있다.

앞으로의 시대에 매월 은행계좌에서 인출한 '지폐'의 취급 방법만 의식하고 있어서는 빠르게 돌아가는 돈의 역사 변화의 원심력에 의해 떨어져 나가 버린다. 그렇지 않으려면 돈이라는 물질적인 것의 취급 방법이 아니라 돈이라는 '수치'의 조절 방법을 배워야 한다. 이것이야말로 '돈'이라는 인류 최대의 발명을 지금의 시대 속에서 승화시켜 갈 가장 효과적인 방법인 것이다.

돈의 본질을
배우는 것의 중요성

2006년에 노벨평화상을 수상한 무하마드 유누스Muhammad Yunus가 방글라데시에 설립한 그라민 은행을 아는가? 유누스는 절대적 빈곤에 허덕이는 방글라데시를 구하기 위해 그라민 은행을 설립하여 가

난에서 벗어나고 싶어 하는 여성들에게 무담보로 소액금융지원(마이크로 파이낸스)을 하고 있다.

그라민 은행의 융자 시스템에는 특별한 특징이 있다. 그것은 같은 지역에 사는 5명을 한 그룹으로 묶어 한 명씩 순서대로 대출해 주는 것이다. 먼저 융자를 받은 사람이 갚지 않으면 다음 사람은 융자를 받을 수 없다. 즉, 자신이 확실히 변제를 하지 않으면 동료가 융자를 받기 위한 '신용'이 없어진다는 시스템이다.

그라민 은행의 공적은 비즈니스 실적이 없는 가난한 여성들에게 융자해 줄 뿐만 아니라 융자라는 기회를 통해 자신이라는 자산을 활용하여 사회에서 부가가치를 만들어내는 것의 중요성, 기한을 지켜 돈을 갚음으로 얻는 '신용'의 중요성이라는 돈의 본질적인 교육을 했다. 이런 도구로서의 돈의 취급법과 사고를 습득하는 것이 세계 최빈국에서 벗어나는 원동력이 되었다.

이것은 특별히 방글라데시에 한정된 이야기가 아니다. 경제적으로 힘든 것은 아니지만, 본질을 배우지 못한 채 각종 사회문제가 표면화되고 있다는 의미에서 우리도 마찬가지다.

돈이란 무엇인가?

우리는 이 본질적인 물음을 마주하고 돈의 취급 방법을 배워야만 한다.

5
돈이 인생에
가져오는 것

돈은 당신을 비추는 거울이다. 즉, 당신의 돈에 대한 욕구는 당신이 살아가는 데 있어서 욕구 그 자체를 나타낸다고 할 수 있다. 미국의 심리학자인 에이브러햄 매슬로우는 인간의 욕구는 5단계의 피라미드로 구성되어 있는데 낮은 단계의 욕구가 충족되면 보다 높은 단계의 욕구를 채우려 한다는 '매슬로우의 욕구 5단계설'을 발표했다.

이것을 그대로 돈으로 바꾸면 다음과 같다.

① **생활유지 욕구**

현대 사회에 있어서 살아가기 위해 적지 않는 돈이 필요하다. 생명이 위협당하지 않기 위해서 최소한의 의식주를 확보하기 위해 돈을 갖고 싶다는 본능적인 욕구가 근저에 있다.

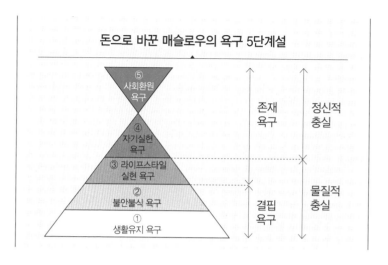

② 불안불식 욕구

병에 걸렸을 때나 노후에 안심하고 생활하기 위해서는 어느 정도 저축이 필요하다. 최소한의 의식주가 충족되면 이러한 '만약의 경우'를 대비해두고자 하는 욕구가 생긴다.

③ 라이프스타일 실현 욕구

불안이 불식되면 많은 사람은 더욱 많은 돈을 얻는 것에 의해 원하는 것을 자유롭게 사거나 언제든지 좋아하는 곳에 여행을 하는 라이프스타일을 원하게 된다.

④ 자기실현 욕구

라이프 스타일이 충족되면 '돈을 벌기 위해 일하는 것'이 아니라 '일을 통해서 자신이 하고 싶은 것을 실현하기 위해 일하는 것'으로 의식이 향하게 된다.

⑤ 사회환원 욕구

'자신을 위해, 가족을 위해'라는 프레임을 벗어나 사회에 대해 공헌하는 것으로 자신의 존재가치를 확인하고 싶어진다. 거액의 기부나 단체의 설립 등이 그 해결책의 하나다.

　위의 그림을 봐도 알 수 있듯이, 우리가 인생에서 돈을 자기편으로 만들어 진실로 풍성하고 자유로운 생활을 실현해 가기 위해서는 ④ 자기실현 욕구 ⑤ 사회환원 욕구 등 고차원의 욕구를 충족시켜 갈 필요가 있다.

　그러나 앞에서도 말했듯이 인류 역사에서 돈이라는 도구가 등장한 것은 전체 인류 역사의 100분의 1 정도의 짧은 기간에 지나지 않는다. 게다가 그중 대부분은 생활을 유지하기 위해 돈을 활용하는 것이 고작이었다. 따라서 특히 존재 욕구에 대해서는 선조 대대로부터 내려온 바른 방법론이라는 것이 존재하지 않는다. 게다가 금융 경제교육에 뒤처진 우리는 '어떻게 하면 돈을 자기편으로 만들어 이상의 라이프스타일을 실현할 수 있는가', '어떻게 하면 자기실현을 통해서 사회 공헌할 수 있는가'라는 것을 배울 수 있는 장이 거의 없다.

내가 파이내셜 아카데미라는 학교를 통해 사회에 환원하고 싶은 것이 바로 그것이다. 정확한 방법론이 확립되어 있지 않기 때문에 실제로 자기실현 욕구나 사회환원 욕구를 충족시킨 사람들의 공통점으로부터 원리원칙을 찾아내어 그것을 체계화하여 세상에 전하고 싶다. 그것이야말로 한 사람이라도 많은 사람이 인생에서 돈을 자기편으로 만들어 자신이 상상한 라이프스타일을 실현해 가기 위한 커다란 힘이 될 것이다.

욕구를 제어하는 것

그러나 곤란한 문제가 있다. 우리 중에는 능동적으로 다음 욕구를 향해 가면 인생의 만족도가 높아질 것이라고 머리로는 이해하면서도 그것이 쉽지 않다는 것을 정당화하기 위해 '돈이 너무 많으면 오히려 좋지 않다'고 굳게 믿거나, '지금 세상이라면 아무 일 없이 사는 것만으로도 다행이다'라고 자기 암시를 하여 브레이크를 밟는 사람이 적지 않다는 것이다. 이런 상태가 생겨나는 배경에는 돈이 원인이 되어 일어나는 수많은 사건과 트러블로 인한 트라우마 등이 있다.

텔레비전이나 신문에 날마다 금전 트러블로 살인사건이나 법정 투쟁 등이 보도되고 있다. 그렇지 않더라도 친구 관계에서부터 부모 자식 관계에 이르기까지 돈 문제가 원인이 되어 인간관계가 무너지는 사례는 너무 많아서 일일이 셀 수가 없다.

상속이 그 좋은 예이다. 지금까지는 원만한 가족 관계였다고 하더라도 상속을 계기로 혈육 간의 싸움이 벌어지는 경우도 흔하다. '상속은 쟁속爭續'이라고 비유되는 것도 수긍이 간다.

최근 급속히 늘고 있는 투자사기 등도 원인의 하나이다. 열심히 일하여 저축해온 사람이라도 노후 생활에 불안을 느끼거나, 사치스러운 생활을 동경하여 '돈을 크게 불리고 싶다'고 하는 욕구에 못이겨 사기를 당한다. 버블도 쉽게 말하면 이러한 '욕심'이 만들어낸 환상 같은 것이다. 일본에만 한정된 이야기가 아니다. 세계 최초의 버블이라고 하는 네덜란드의 '튤립 버블[21]' 이래 인류는 계속 욕심에 지배당하여 이성을 잃고 '버블'을 반복하고 있다. 이러한 뉴스나 주위의 일로 이런 일에 휘말리기보다는 지금 이대로 행복하지 않을까?'라고 보수적이 되어 욕구를 제어해 버린다는 것이다.

---

[21] 17세기 네덜란드에서 발생한 튤립 과열투기 현상으로, 경제 현상에서 거품이 발생한 상황을 이르는 말. 네덜란드 귀족사회에서 수입품인 튤립이 큰 인기를 끌며 투기 열풍이 불어 가격이 천정부지로 치솟았다가 거품이 꺼지면서 값이 곤두박질쳐 투자자들이 천문학적인 손실을 입음.

사용하는 사람에 따라
살리기도 하고 죽이기도 한다

돈을 자기편으로 만들면 인생에 풍족함을 가져다주지만 인생을 크게 어긋나게 하는 힘도 가지고 있다. 좋든 나쁘든 인생을 크게 농락하는 힘을 가지고 있는 것이 돈이다.

그리고 그 '수치'가 크면 클수록 그 힘도 커진다. 친구에게 "1년 후에 1%의 이자를 쳐서 갚을 테니 1,000만 원 빌려줘"라는 말을 들었을 때 거절하는 사람이라도 "20%의 이자를 쳐서 갚을 테니"라는 말을 들으면 빌려줄 가능성은 높아진다. 이것은 1%보다 20%가 힘이 있다는 표시이다.

2014년에 세상을 떠들썩하게 한 대형 교육서비스 기업 내부자에 의한 개인정보 유출 사건도 그렇다. 개인 정보를 빼 오는데 보수가 100만 원이라면 거절하는 사람이라도 1억 원이라면 그 액수에 눈이 뒤집힐지도 모른다. '수치'가 커짐에 따라 그 힘도 증대해 간다.

그러나 현명한 독자라면 알겠지만 그렇다고 해서 '돈을 갖지 않는 편이 좋다', '욕심을 부리면 안 좋은 일을 당한다'라는 말이 아니다. 왜냐하면 돈은 어디까지나 '도구'이기 때문이다. 도구라는 것은 사용하는 사람에 따라 효과적으로 쓸 수도 있고 그렇지 않을 수도 있다.

자동차가 알기 쉬운 예이다. 안전 운전으로 활용하면 생활하는

데 없어서는 안 될 매우 편리한 도구이다. 일상생활에서뿐만 아니라 여행을 떠날 때, 갑자기 병이 난 가족을 병원에 데려다줄 때 등여러 상황에서 활약한다. 그러나 한번 사고를 일으키면 '흉기'로 변한다. 부주의로 사람을 치면, 상대방의 생명을 빼앗거나 인생이 크게 어긋나 버리는 경우도 있다. 이런 위험이 있다는 것을 알고 있어도 "그러니까 자동차는 안 타"라는 사람은 많지 않다. 대부분의 사람은 안전 운전에 유의하면서 자동차라는 도구가 가진 편리성을 향유하고 있다.

돈도 마찬가지다. 그러나 자동차와 달리 돈은 교습소도 정비소도 없거니와 면허증도 없다. 때문에 우리 한 사람 한 사람이 돈에 대해 자발적으로 배워야 하고, 돈을 사용하여 자기실현을 하기 위해 돈의 사용 기술을 연마해야만 한다.

네 종류의
돈과 행복의 관계

지금까지 돈이 인생을 풍성하게 만든 예와 오히려 불행하게 만든 예를 소개하고 돈은 쌍날검인 것을 설명했다. 돈과 행복의 관계를 정리하면 다음처럼 네 종류이다.

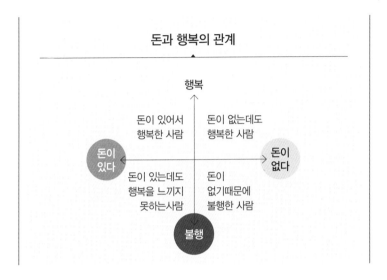

- 돈이 있어서 행복한 사람

- 돈이 있는데도 행복을 느끼지 못하는 사람

- 돈이 없는데도 행복한 사람

- 돈이 없기 때문에 불행한 사람

원래 돈은 없는 것보다 있는 편이 훨씬 낫다. 왜냐하면 돈이 많
으면 많을수록 일상생활을 하는데 선택의 폭이 커지기 때문이다.
자신이 먹고 싶은 것을 먹고, 가고 싶은 곳에 가고, 살고 싶은 곳에
살 수 있다.

돈이 많으면 많을수록 더 많은 자유를 손에 넣을 수 있다. 비행기
의 위약금을 신경 쓰지 않고 변경할 수 있는 자유, 마트에 물건을 사

러 가서 '어느 우유가 가장 싼가'라고 체크하지 않아도 되는 자유, 돈이 많으면 많을수록 싫은 일을 하지 않아도 된다. 비가 내릴 때 걷고 싶지 않으면 택시를 타면 되고, 청소를 싫어하는 사람이 우울한 기분으로 집안 화장실 청소를 하지 않아도 된다. 그리고 생활을 위해서 적성에 맞지 않는 일을 하지 않아도 된다. 회사에 가서 상사의 불합리한 말을 듣지 않아도 된다.

돈이 있음에도 불구하고 행복을 느낄 수 없는 사람이 있는 이유는 무엇인가?

그 대답은 돈을 '목적'으로 하고 있는지, '도구'로 인식하고 있는지의 차이에 있지 않을까 한다. 돈은 어디까지나 편리한 도구에 지나지 않는다는 사실을 인식하지 못하고 인생에 있어서 중요한 목적인 것처럼 착각하면 '어떻게든 돈이 있으면 행복해진다'라고 돈 자체의 힘을 맹목적으로 믿게 된다. 그리고 '많이 벌어야만 한다', '많이 저축해야만 한다'며 돈을 손에 넣는 것 자체가 목적이 되는 것이다.

돈을 손에 넣는 것 자체가 목적이 되면, 돈만 벌 수 있다면 다른 것을 희생시켜서라도, 최대한의 돈을 전력을 다해 손에 넣으려는 사고가 배어들게 된다. 조금이라도 많은 수입을 얻기 위해 보람을 느끼지 않는 일을 계속하거나 특별히 할 일도 없는데 야근을 하는 사람도 있을 것이다. 이런 상황은 본래 우리를 풍성하게 하기 위한 도구일 뿐인 '돈'을 손에 넣기 위해 인생에 있어서 가장 한정된 '시간'을 내주게 되는 뒤바뀐 상황이다.

그뿐만이 아니다. 조금이라도 많은 이익을 내기 위해 상대적으로 비싸다는 것을 알고 있어도 상품을 판다. 지급하는 금액을 조금이라도 낮추기 위해서 한계에 이르기까지 가격을 깎는다. 상속을 받을 때 10원이라도 많이 받기 위해서 타협하지 않는다. 모든 방법을 써서 세금을 줄인다. 돈을 손에 넣는 것 자체가 목적이 되면 상대를 속이고 상처를 내면서까지 자신의 경제적 이익을 극대화하는 것을 유일한 행동 기준으로 삼고 행동하는 호모 에코노미쿠스(합리적 경제인)화 되는 것이다.

제1장에서 설명한 것처럼 돈은 신용을 가시화한 것이다. '儲ける(돈을 벌다)'에서 한자어는 '信じる者(신용하는 사람)'이 합쳐져 만들어진 한자이다. 신용이 있는 곳에는 자연스럽게 돈이 모여든다. 그러나 신용을 쌓지 않고 얻은 돈은 조만간 사람에게서 멀어진다. 그리고 돈이 있는데도 행복을 느끼지 못하는 불행한 사람들을 만들어 내는 것이다.

부탄에서의
'행복'의 정의

국민총행복량GNH: Gross National Happiness라는 지표를 아는가? 1972년에 부탄 왕국의 국왕 지그메 싱게 왕축Jigme Singye Wangchuck에 의해 제창된 지표로 정신면에서의 풍성함을 지표화한 것으로 국민 전체의 행복도를 재려는 것이다.

흥미로운 것은 그 구성 요소이다. 한 사람 당 5시간 동안 면담하여 합계 72항목의 지표에 의해 '행복도'를 수치화하는 것인데 그 구성항목을 보면 ① 심리적 행복 ② 건강 ③ 교육 ④ 문화 ⑤ 환경 ⑥ 커뮤니티 ⑦ 좋은 통치 ⑧ 생활 수준 ⑨ 자신의 시간 사용법, 이상과 같은 9가지 항목으로 구성되어 있다.

이 중에서 돈과 직접 연동되는 것은 ⑧의 생활 수준 정도일까. 나머지는 간접적인 영향은 있지만 건강, 가족과 친구 관계, 거래처라는 커뮤니티, 시간 등 당장은 돈으로 살 수 없는 것뿐이다. 돈이 없는데도 행복한 사람이 있는 것은 비록 생활 수준이 낮더라도 그것 이외의 풍성함이 있기 때문이다.

돈이 있는 것과 행복하지 않은 것과의 인과관계를 만들어 내는 것은 분명 그 사람 자신이다. 돈은 죄가 없다. 돈이 있어서 행복한 사람은 예외 없이 이러한 돈으로 살 수 없는 풍성함을 얻기 위해 도구로서 돈을 활용하고 있다. 행복도를 결정하는 것은 돈의 많고 적음이 아니다. 자신의 마음가짐과 돈을 대하는 자세이다.

돈 이 란
무 엇 인 가

제4장

7가지
'돈의 교양'

신용 경제에 있어서

돈은 그 사람의 신용 그 자체를 나타낸다.

과거의 사고, 판단, 행동이

신용이라는 형태로 자라,

그것이 '돈'이라는 결과로 연결된다.

그리고 그 '돈'을 어떻게 얻었는가,

돈을 어떻게 취급하는가는

그 사람의 인간성 그 자체를 드러나게 한다.

①
'돈의 교양'이란
무엇인가?

　　모든 것이 분업화되어 있는 현대는 '무엇이든 자신이 하는' 시대가 아니다. 예전에는 바지 무릎에 구멍이 뚫리면 어머니가 꿰매 주었다. 지금은 세탁소에 가지고 가면 마치 처음부터 구멍이 없었던 것처럼 감쪽같이 수선해준다. 아니 처음부터 2~3만 원 정도 지급하면 유니클로에서 새 옷을 살 수 있다.

　예전에는 어머니가 매일 음식을 하는 것이 당연했다. 외식은 조금 사치스러운 휴일의 가족 이벤트였다. 그것이 지금에 와서는 집에서 만든 음식보다 외식하는 편이 싸고 맛있다. 편의점에 가면 은어 소금구이부터 톳무침까지 일 인분씩 포장되어 판매되고 있다. 지금은 노인들조차도 편의점에서 반찬을 사는 것이 당연한 시대이다. 재봉 기술이나 요리 솜씨는 있으면 좋겠지만 없어도 불편하지 않게 생활할 수 있다. 그것이 현대이다.

한편 보다 중요성을 더해 가는 것이 돈을 솜씨 좋게 사용하는 방법이다. 돈에 의해 얻을 수 있는 선택지가 무한대로 넓어지는 만큼 필요한 돈이 없거나 눈앞의 선택지에 대해 정확한 판단을 내릴 힘이 부족하면 그것은 직접 '불편함'으로 연결된다. 아무리 학문을 배우고 직업 교육을 받아도 돈을 다루는 기술을 익히지 못하면 기분 좋게 사회생활을 하기 어려운 시대가 오고 있는 것이다.

앞으로의 시대에 필요한 것은 만능성과 존재감을 더해 가는 '돈'을 바르게 다루기 위한 교육이다. '학력'이 아니라 '액력'이 높은 사람이야말로 사회 속에서 빛날 것이다. 앞으로의 사회에서 기분 좋게 살아 나가기 위해서 불가결하다고 할 수 있는 이 '돈을 다루는 힘'을 이 책에서는 '돈의 교양'이라고 정의하겠다. 내가 『돈의 교양 - 모두가 모르는 돈의 '구조'』라는 책을 출판한 것은 2008년 9월이다. 당시는 교양이라는 말이 그다지 눈에 띄지 않았는데, 요 수년 서적이나 잡지의 특집 등 여기저기서 빈번하게 '교양'이라는 단어를 발견하게 되었다.

당신은 '교양 있는 사람'이라고 하면 어떤 인물상이 머리에 떠오르는가? '역사에 대한 지식이 풍부한 사람', '정치 정세를 잘 아는 사람', '와인에 대해서 조예가 깊은 사람' 등 여러 가지 이미지가 있을 것이다. 그러나 교양이란 이렇게 지식이 풍부한 사람만을 가리키는 단어가 아니다. 교양 있는 사람이란 폭넓은 지식이 있는 것은 당연하고 역사든 정치 정세든 왜 그것이 일어났는가, 그 본질은 무엇인가를 이해하고 거기에서 얻는 것을 자신의 생활이나 사회에 환원해 갈 수 있는 그릇을 가지고 있는 사람을 가리킨다. 단순히 박학다식한 것과 교양이 있는 것은 다르다.

그렇다면 이 책의 테마인 '돈의 교양'이란 대체 무엇인가?

신용 경제에 있어서 돈은 그 사람의 신용 그 자체를 나타낸다. 과거의 사고, 판단, 행동이 신용이라는 형태로 자라, 그것이 '돈'이라는 결과로 연결된다. 그리고 그 돈을 어떻게 얻었는가, 돈을 어떻게 취급하는가는 그 사람의 인간성 그 자체를 드러나게 한다.

즉, 돈의 교양이란 '돈'이라는 측면에서 인간성을 키우고 사회 안에서 신용을 얻으며 경제적 심리적으로 풍성한 인생을 손에 넣기 위한 교양이다. 이러한 돈의 교양은 한 사람의 성공 체험을 기반으로 한 것도, 내 개인적인 체험을 바탕으로 한 것도 아니다. 내가 지금까지 만나고 시간을 함께 보낸 3,000명이 넘는 경제적으로도 심리적으로도 풍성한 사람들, 그리고 그렇지 않은 사람들의 가치관이나 성장해 온 자취의 공통항을 찾아내어 주의 깊게 분석한 후에 법칙과 구조를 정리한 보편적인 원리와 원칙이다.

'돈의 교양'의 7가지 요소

돈의 교양은 7가지 요소로 성립된다.

① 사고방식

돈에 대한 교육을 받지 않은 우리가 배워야 할 본질적인 '돈에 대한 사고방식'을 가리킨다. 아무리 지식이 많거나 수입이 높아도 돈에 대한 바른 사고를 갖지 못하면 평생 안정되고 풍성한 생활을 할 수 없다. '사고가 그 사람을 만든다'라는 말이 있는데, 이것은 돈에 대한 교양에 있어서도 마찬가지다. 돈에 대한 바른 사고방식을 가져야만 저축하는 법과 사용법 등 6가지 교양이 유효하다.

② 모으는 법

'돈을 저축하는 법'은 돈과 잘 사귀기 위해 가장 기본이 되는 중요한 기술이다. 제3장에서 말한 대로 돈을 돈답게 하는 3가지 기능 중 하나가 '가치를 저장해 두는 기능' 즉 가치를 모아두는 기능이다. 이 기능을 어떻게 효과적으로 활용할 수 있는가에 의해 인생의 선택지나 유연성에 커다란 차가 생긴다. 이를 위해 모으는 법이 두 번째 돈의 교양이다.

③ 사용법

우리는 매일 '반드시'라고 해도 좋을 정도로 돈을 사용한다. 이 '돈의 사용법'이 잘못되면 힘들게 모은 돈이 쓸데없이 흘러가 버린다. 같은 금액을 사용한다 해도, 바르게 사용하느냐 그렇지 않으냐에 따라 사용 후의 만족도도 틀리고 결과로서 그 집대성인 인생 자체의 만족도에도 커다란 차이가 생긴다.

　어떤 규칙을 만들면 가치 있고 바르게 돈을 사용할 수 있을까? "돈은 모으기보다 쓰기가 어렵다"라고 말한 사람이 적지 않은 것처럼 사용법도 중요한 돈의 교양 중 하나이다.

④ 버는 법

네 번째는 일과 커리어 업 등을 통한 '돈을 버는 법'이다. 돈을 번다는 것은 '높은 급여를 주는 회사로 이직하면 된다', '돈이 되는 사업을 찾아 시작하면 된다'라는 간단한 것이 아니다. 수입을 장기적이고 안정적으로 높이기 위해서는 비즈니스맨으로서의 기술과 경제 지식, 센스, 경험 등을 균형 있게 높여가는 것이 불가결하다. 또 시장 안에서 자신의 '가치'를 어떻게 창출하느냐 하는 시점도 중요해진다.

⑤ 불리는 법

돈이 일하게 하여, 돈이 돈을 버는 방법 - 즉, 자산운용에 의해 '돈을 불리는 법'이 다섯 번째 돈의 교양이다. 사용법과 버는 법은 거의 차가 없어도 이 교양이 있는 것과 없는 것은 오랜 세월이 경과한 후에 플로(생산량, 사용량 등 유량流量 - 역자 주)와 스톡(잔액, 재고 등 저량貯量 - 역자 주)에 커다란 차가 생긴다. 개별 금융상품 구조나 단기적 손익뿐만 아니라, 어떻게 하면 인생 가운데 자산운용을 내 편으로 만

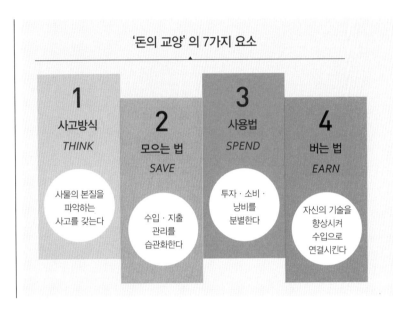

'돈의 교양'의 7가지 요소

1
사고방식
THINK

사물의 본질을
파악하는
사고를 갖는다

2
모으는 법
SAVE

수입 · 지출
관리를
습관화한다

3
사용법
SPEND

투자 · 소비 ·
낭비를
분별한다

4
버는 법
EARN

자신의 기술을
향상시켜
수입으로
연결시킨다

들 수 있을지, 그 본질을 배우는 것이 중요하다.

⑥ 유지관리

여섯 번째는 '돈의 유지관리' 방법이다. '유지관리'라는 말을 들으면
다른 여섯 가지 교양에 비해 간단한 것처럼 느낄지도 모르지만 매
우 깊이가 있고 어려운 교양이다. 여기서는 주로 평소 생활과는 스
케일이 다른 금액의 유지관리를 목표로 한다. 기업가나 수입이 많
은 사람으로 돈을 버는 능력이 매우 뛰어나도 이 '돈의 유지관리'를
잘하지 못하기 때문에 돈이 어디론가 사라져 버리는 일은 흔히 있
는 일이다. 상속이나 퇴직금 등 목돈이 손에 들어와 금전 감각이 이

상해져 버린 사람의 예는 상당히 많다. 유지관리의 교양은 목돈이 손에 들어온 후 습득하면 너무 늦다. 가급적 빨리 습득해 둘 필요가 있다.

⑦ **사회환원**

이것은 자신만이 돈을 가지고 있는 것이 아니라 돈의 일정한 비율을 다른 사람에게 주는 교육이다. 들어온 돈을 다른 사람에게 기부하는 것은 심리적으로 풍성함을 느끼는 돈의 사용법 중 하나이다. 왜냐하면 돈이라는 것은 혼자서 끌어안고 있다면 좋은 역할을 하지 않기 때문이다.

또 사회에 환원할 수 있는 것은 돈뿐만이 아니다. 우리 한 사람 한 사람이 가지고 있는 능력이나 기술, 경험을 사회에서 활용하는 것도 훌륭한 사회환원의 하나이다. 진정한 풍성함을 느낄 수 있는 인생을 보내기 위해서는 '사회환원'이라는 시점을 빼놓을 수 없다.

교양 있는 생활 방식으로

'초超'가 붙을 정도의 정보화 사회인 요즘, 무엇을 하든 정보가 넘쳐 난다. '돈을 불리고 싶다'고 생각하면 돈을 불리기 위한 테크닉부터 돈을 벌 수 있는(돈을 벌 수 있다고 여겨지는) 금융상품까지 인터넷에서 쉽게 알아볼 수 있다. 주택 융자를 재점검하고 싶으면 각 금융기관 주택융자의 최저 금리 비교부터 전에 빌린 것을 반환하고 다시 빌릴 경우의 시뮬레이션까지 간단히 행할 수 있다.

그러나 이런 정보를 단편적으로 연결해 받아들여도 그것은 임시방편적인 행동밖에는 되지 않는다. 정보를 즉흥적으로 아는 것만으로는 진정한 의미에서 돈을 자기편으로 만들어 풍성하고 여유 있는 인생을 보내기는 어렵다.

우리가 보통 돈과 잘 지내기 위한 정보의 중심은 파이낸셜 플래너나 경제 평론가에 의한 지식과 테크닉 혹은 일부의 투자가나 기업가가 그 성공 체험을 바탕으로 지론을 펼치는 것이 대부분이다.

그러나 그 파이낸셜 플래너 자신은 과연 그 지식과 테크닉으로 정말 풍성하고 여유 있는 인생을 손에 넣었을까? 어쩌면 개인적으로는 수입이 늘지 않아 고민하고, 미래에 대해 불안해하고 있을지도 모른다. 즉, 지식과 테크닉이 있다고 해서 결과가 따라오지 않는다.

또, 그 투자가나 기업가와 같은 방법을 실천할 수 있는 환경은 준비되어 있는가? 어쩌면 당시의 시장이나 경제 환경이었기 때문에 성립된 것이고 운이 좋았기 때문에 결과가 나온 것인지도 모른다. 애써 '자신의 시간'이라는 한정된 자산을 사용하여 배우는 것이라면, 거기에는 배운 대로 실천하면 결과가 나온다는 '신빙성'과 '재현성'이 불가결하다. 그리고 무엇보다 배운 후 당신 자신의 삶의 방식이 '교양 있는 삶의 방식'으로 변화하지 않으면 본질적인 배움이 아니다.

그럼 '돈의 교양'의 7가지 요소 각각에 대해서 자세히 살펴보자.

돈의 교양 1
사고방식

　　　7가지 돈의 교양은 균형 있게 익히는 것이 중요하다. 그러나 그중에서 가장 중요한 것이 첫 번째인 '사고방식'이다. 이 '사고방식'이 동반되지 않으면 아무리 다른 여섯 가지 기술을 연마해도 장기적인 신용이 쌓이기 어렵다. 생각을 연마한 위에 그외의 모으는 법, 사용법, 버는 법……이라는 기술도 균형 있게 기술을 쌓아간다. 이것이 돈의 교양을 높이는 기본이다.

　물론 돈을 모으기 위한 지식이나 투자 테크닉을 연마하는 것이 전혀 의미가 없는 것은 아니다. 그러나 안타깝게도 이것만으로는 인생을 극적으로 변화시킬 수 없다.

　당신이 '야구에서 홈런을 치고 싶다'라고 생각하고 서점에 가서 '홈런을 칠 수 있는 방법'이라는 타이틀의 서적을 구매했다고 하자. 아마도 내용은

- 배트를 잡는 위치는 밑에서 2센티미터
- 다리는 몸을 중심으로 좌우로 20센티미터 벌린다
- 어깨와 팔의 힘을 뺀다
- 볼이 몸 쪽으로 최대한 가까이 왔을 때 최단 거리에서 스윙한다
- 공을 친 다음 그 팔을 타구 방향으로 쭉 뻗는 폴로스루Follow through는 몸 전체를 이용하여 최대한 크게 한다

라는 지식과 테크닉이 중심일 것이다.

그러나 만약 같은 제목의 책을 이치로 선수가 썼다면 어떨까?

- 결과가 나오지 않아도 낙심하지 않고 계속하기 위해서는
- 슬럼프에서 벗어나는 방법
- 코치의 어드바이스를 받아들이기 위한 마음가짐
- 배트 박스에 서기 전에 필요한 기본 체력 훈련법
- 연습할 시간을 내기 위한 시간 관리

라는 테크닉 이전의 이야기가 많은 페이지를 차지하지 않을까?

일도 운동도 그리고 돈의 교양도 임시방편으로서의 지식이나 테크닉만으로는 장기적이고 안정적인 실력이 붙기 어렵다. 매일의 사고가 행동으로 연결되고 그 거듭된 행동이 결과로 연결되기 때문이

다. 따라서 우선 사고나 습관을 바꿔가지 않으면 돈 문제는 근본적으로 해결되지 않는다.

또, 이 '사고방식'이 정해지지 않은 채 많은 돈을 손에 넣어도 돈을 헤프게 쓰거나, 일에 대한 의욕이 사라지거나, 자신보다 돈을 적게 가지고 있는 사람을 깔보기 쉽다. 그 결과 생활의 균형이 무너질 뿐만 아니라 사람과의 신뢰 관계를 쌓아가지 못할지도 모른다. '사고'는 7가지 요소 중에서도 가장 중요한 근본적인 것이라고 할 수 있다.

③

돈의 교양 2
모으는 법

　　금융홍보중앙위원회가 2014년 발표한 '가계의
금융행동에 관한 여론조사(2명 이상의 세대)'에 의하면 '금융 자산을
보유하고 있지 않다'라고 대답한 세대, 즉 저축한 돈이 없는 세대는
전체의 30.4%나 됐다.

　돈을 열심히 모으는 사람도 있고, 반면 좀처럼 모으지 못해 저축
한 돈이 없는 사람도 있다. 이 차이는 과연 어디에서 오는 것일까?
물론 수입의 차이도 있을 것이고 집이나 자녀의 유무 등 생활환경
차이도 커다란 요인일 것이다.

　그러나 수입이 적어도, 아이들의 교육비가 많이 들어도 꾸준히
저축하는 사람이 많이 있다. 한편 수입이 높고 아이가 없어도 저축
한 돈이 거의 없는 사람도 있다. 저축의 여부는 수입과 정비례하는
것은 아니다. 모을 수 있는 사람과 모을 수 없는 사람. 이 운명을 나

누는 것은 '저축이 습관화되었느냐 그렇지 않으냐'이다.

누구에게도 저축은 조금이라도 있는 편이 좋다. 저축하지 못하는 사람도 '저축은 필요 없다'라고 생각하는 사람은 거의 없을 것이다. '저축하고 싶다'라는 마음을 가지고 있음에도 불구하고 결과적으로 저축을 하지 못하고 있을 뿐인 것이다.

저축을 할 수 있다는 것은 돈을 확실히 컨트롤할 수 있는 능력이기도 하다. 앞에서도 말한 대로 돈은 '도구'이다. 따라서 '모으는 것'이 목적이 아니다. 저축 습관을 들이고 수입을 넘지 않은 범위 내에서 지출을 관리할 수 있게 되어 가는 것이 돈의 교양이 된다. 그리고 습관화의 결과가 '저축액'이라는 수치로서 나타나는 것이다.

20% 저축부터
시작한다

나도 20대 무렵에는 아무리 일해도 수입이 늘지 않은 데다가 저축도 못 해 늘 불안했다. 그리고 '저축을 못 하는 것은 수입이 적기 때문이다'라든가 '수입이 많아지면 저축할 수 있게 될 텐데'라고 생각했다. 그러나 실제로 그 후 수입이 늘어나자, 조금 넓은 집으로 이사하고 수입에 걸맞지 않은 차를 할부로 샀다. 저축하기는커녕 빚이 늘어났다.

모든 사람이 나와 같은 전철을 밟는 것은 아니겠지만 우리는 수입이 늘어나면 생활의 질을 올리고 싶어 한다. 영국의 역사·정치학자인 시릴 노스코트 파킨슨Cyril Northcote Parkinson도 그의 저서『파킨슨의 법칙』에서 '지출액은 수입액에 도달할 때까지 팽창한다'라고 서술하고 있다. 그리고 한 번 생활의 질을 올려버리면 좀처럼 떨어뜨릴 수 없다. 그 결과 저축은 생각한 것처럼 늘지 않는 것이다. 실제로 1억 원을 넘는 가계 수입이 있어도 평균보다 조금 비싼 집을 구매하고 그 집에 어울리는 고급차를 보유하고 아이 둘을 사립 초중고에 보낸다면 저축은커녕 살림이 몹시 쪼들릴 것이다. 이런 사례는 드물지 않다.

이런 사례를 피하기 위해서는 자신의 감정을 컨트롤하고 지출을 관리하는 기술을 익혀 그것을 습관화하는 길밖에 없다. 바른 습관이 몸에 배지 않으면 비록 큰돈이 손에 들어온다 하더라도 많은 복권 당첨자가 자기파산하는 것처럼 저축으로 연결되지 않는다.

바른 돈의 습관을 들이기 위해서 가장 간편하고 효과적인 저축 방법을 소개하겠다. 그것은 실수령액을 '20% : 60% : 20%'로 나누는 방법이다. 가령 실수령액이 300만 원이라면 '60만 원 : 180만 원 : 60만 원'으로 나누는 것이다. 그리고 각각의 사용법을 다음과 같이 정한다.

여기에서 포인트는 저축을 위한 20%는 '우선 저축'할 것. 그리고

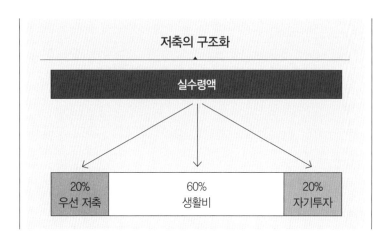

저축의 구조화

| 20%
우선 저축 | 60%
생활비 | 20%
자기투자 |

자기투자를 위한 20%는 자신을 향상시키는데 전부 사용하는 것이다. '우선 저축'은 지출한 후 남은 돈을 저축하는 것이 아니라 급여가 들어오면 무조건 저축하는 방법이다. 가장 먼저 저축을 하면 나중에 남은 돈의 범위에서 생활하는 것만으로 저축액은 확실히 늘어간다. 그러나 매월 월급날 돈을 다른 계좌로 옮기려면 귀찮기도 하고 바빠 시간을 내지 못해 좌절하기 쉽다. 재형저축, 적금, 투자신탁 적금 등 월급날 지정한 은행계좌에서 자동으로 빠져나가게 하는 구조를 활용할 필요가 있다.

이 구조에 따라 매월 실수령액의 20%를 저축해 가면 5년 동안 1년분의 실수령액을 저축할 수 있다. 실수령액 연봉이 5,000만 원이라면 5,000만 원의 저축을, 1억 원이라면 1억 원의 저축을 할 수 있는 것이다.

그리고 20% 우선 저축의 목적은 돈을 모으는 것뿐만이 아니다. 저축을 계속하면 지출을 컨트롤하는 바른 돈의 생활습관을 들일 수 있다. 저축이 습관화만 되면 수입이 올라가고 수입이 오르는 것에 비례하여 저축액도 자동으로 올라가게 된다. 그리고 20%의 자기투자도 마찬가지로 습관화하라.

지금까지 저축을 하지 못한 사람은 지금까지 실수령액 전부 (100%)를 생활비에 사용한 사람이다. 이런 사람이 우선 저축과 자기투자에 40%를 사용하고 생활비를 60%로 줄이는 것이기 때문에 익숙해질 때까지 상당히 힘들지도 모른다. 생활비가 부족하거나 마음을 터놓을 수 있는 친구가 밥을 먹자고 하면 자기투자를 줄여서 식대로 사용하고 싶어질 것이다.

그러나 자신이 많은 새로운 경험을 쌓고 여러 가지 생각이나 가치를 접하여 자신의 그릇을 키우는 것 없이는 돈의 교양은 쌓이지 않는다. 때문에 일부러라도 '20%'라는 예산을 소화하겠다는 생각으로 투자처를 엄선하여 자기투자를 해야 한다.

실제로 연수입이 높은 사람일수록 적극적으로 자기투자를 한다는 데이터도 있다. 모리빌딩 아카데미힐즈가 2008년에 자기투자에 관한 의식조사를 한 결과 '자기투자를 적극적으로 하고 있다', '자기투자에 마음을 쓰고 있다'라는 사람의 비율은 연수입 2,000만 ~ 4,000만 원 미만인 사람이 약 40%였는데, 8,000만 ~ 1억 원인 사람은 2배인 약 80%였다. 적극적인 자기투자는 자신의 성장과 풍성한 라이프스타일을 만든다. 마음을 굳게 먹고 20%를 '자신을 향상시키는 것'에 전부 사용하자.

4

돈의 교양 3
사용법

　　'돈을 잘 사용하는 것은 돈을 버는 것과 마찬가지로 어렵다' - 이 말은 빌 게이츠가 세계 넘버원의 자산가가 됐을 때 한 말이다.

　돈은 '목적'이 아니라 '도구'이다. 이 도구가 가진 잠재능력을 발휘할 수 있는지 없는지는 사용법에 의해 좌우된다고 해도 과언이 아니다. '돈이란 쓰는 것'이라는 말이 있는데, 돈을 가치 있는 곳이나 서비스에 사용하는 것이야말로 인생을 풍성하게 만든다.

　돈을 잘 사용하기 위해서 의식해야 할 것은 보통 사용하는 돈을 '투자', '소비', '낭비'의 3종류로 나눠서 생각하는 것이다.

- 지급한 금액 이상의 가치를 얻을 수 있었다＝투자
- 지급한 금액과 같은 가치가 있었다＝소비

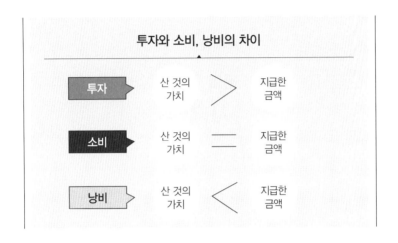

투자와 소비, 낭비의 차이

투자	산 것의 가치	>	지급한 금액
소비	산 것의 가치	—	지급한 금액
낭비	산 것의 가치	<	지급한 금액

- 지급한 금액 이하의 가치밖에 얻지 못했다＝낭비

　예를 들어 영어회화 학원에서 우수한 강사에게 맨투맨 지도를 받아 비즈니스 영어회화를 완벽하게 마스터한다. 이것은 분명한 '투자'이다.

　만약 수업료가 1,000만 원이 든다고 해도 비즈니스 영어를 스트레스 없이 말하게 되어 연봉이 수십만 단위로 올라갈지도 모른다. 또, 언어의 장벽 없이 해외여행을 즐길 수 있게 되면 시야도 인맥도 단번에 넓어져 인생에서 돈으로 살 수 없는 풍성함을 가져다줄 것이다. 이러한 '투자'는 자신에게 되돌아오는 좋은 사용 방법이라고 할 수 있다.

　고급 레스토랑에서 식사를 하는 것도 그 맛이나 분위기를 음미하고 사람으로서의 경험과 교양이 쌓이는 것이라면 그것은 '투자'라고 할 수 있다.

한편 스트레스가 쌓인다고 폭식 폭음으로 지급한 돈, 결국은 사용하지 않아 창고에 처박혀 있는 다이어트 용품의 구매 대금 등은 '낭비'이다. 우선은 '낭비'를 줄여 '투자'를 늘려 갈 것. 돈을 사용할 때, 매회 '얻을 수 있는 가치'를 예측하여 판단하는 것은 물론 결과적으로 '실제로 얻은 가치'를 판단하는 것도 습관화한다. 이 반복에 의해 '낭비'를 줄이고 '투자'를 늘려가는 것만으로 돈의 사용법에 대한 교양이 쌓여 간다.

절약은 필요한가?

'돈의 사용법'이라고 하면 '낭비하지 않는 것'이나 '절약'이라는 단어를 떠올리는 사람이 많을 것이다. 그러나 반복해서 말하지만 돈은 인생을 풍성하게 하기 위한 '도구'다. 맹목적으로 절약하여 조금이라도 많은 저축을 하는 것이 '목적'이 되어서는 돈의 본래 가치를 즐길 수 없다. 이뿐만이 아니라 절약이 초래한 폐해는 적지 않다.

우선 지출을 줄이면 생활의 여유가 사라진다. 그리고 쇼핑을 할 때나 식당에 가서 식사할 때도 선택의 기준이 모두 '가격'이 된다. 정말로 원하는 것이 무엇인가가 기준이 아니라 싼 것에 기준을 두고 물건을 사게 된다.

치명적인 폐해는 마음의 자양분이 되는 경험에 돈을 쓰지 않게 되는 것이다. 지금까지 가 본 곳이 없는 곳으로 여행을 떠나 낯선 풍경을 접하거나 먹어 본 적 없는 음식을 먹어보거나 느껴 본 적 없는 분위기를 느껴보거나. 우리가 성장해 가기 위해서는 이러한 경험이 매우 중요하다. 과거의 경험이 사고를 만들고 날마다 판단 기준으로 전환되어 간다. 경험이 부족하면 사고가 깊어지기 힘들고 판단의 정확도가 높아지기 힘들다. 즉, 경험에 돈을 쓰지 않는다는 것은 스스로 성장을 막는 행위이기도 하다.

친구나 동료와 식사하러 가서 여유롭게 이야기를 나누거나 결혼식 피로연에 참석하거나 하는 등 사람들과의 교제도 절약을 의식한 나머지 멀리하게 될지도 모른다. 제3장에서도 언급한 것처럼 비록 금전적인 여유는 있지만 서로 신용할 만한 인간관계가 없는 삶은 진정한 풍요로움과는 거리가 멀다. 이래서는 본말전도이다.

이처럼 과도한 절약은 생활에서 여유를 앗아가고 마음의 피폐를 초래한다. 그리고 인생에도 결정적인 폐해를 가지고 온다. 물론 제한된 수입으로 생활하기 위해서는 당연히 지출을 컨트롤해야 하는 경우가 있다. 그러나 이 경우 필요한 것이 '강약'이다. 자신에게 가치가 있다고 생각하는 것, 이것만은 양보할 수 없다고 생각하는 것에 대해서는 과감하게 돈을 지출해도 아무런 문제가 되지 않는다. 그 대신 그다지 가치가 없는 것에 대해서는 지갑을 닫는다. 강약을 주는 것으로 수입 내에서 지출할 수 있게 된다면 지출하는 것에 대해 특별히 문제 삼을 필요는 없을 것이다.

고가의 물건을 살 때야말로
'사용법'이 중요

일상생활에서 사용하는 돈은 투자, 소비, 낭비의 3종류로 나눠서 생각한다고 설명했다. 그렇다면 부동산, 차, 보험료라는 고액의 물건에 대해서는 어떻게 생각하는 것이 좋을까? 평소에 사용하는 금액을 넘는 고가의 물건은 구매 경험이나 횟수가 적어, 익숙하지 않은 만큼 감정에 휘둘리기 쉽다. 자칫하면 커다란 실수를 일으키기 쉬우니 주의가 필요하다.

금액이 큰 물건을 살 때, 3가지 주의점이 있다.

첫 번째는 '절대 금액을 생각하는 것'이다.

마트에서 할인된 물건밖에 사지 않는 사람이 부동산이나 차를 살 때는 정가를 다 주고 사버리는 일이 가끔 있다. 마트에서 3,000원의 반찬은 50% 할인해도 1,500원 할인받은 것 밖에는 되지 않지만, 4억 원의 집은 5% 할인하면 2,000만 원이다. 이것은 반찬을 약 1만 3,000회 50% 할인된 가격으로 사는 것과 같은 효과이다. 연 수입이

4,000만 원이라면 반년 분의 수입과 맞먹는 지출을 막은 것이 된다. 고가의 물건일수록 비록 할인율이 낮더라도 금액에의 영향은 커진다. 그렇기 때문에 절대 금액으로 생각할 필요가 있다.

두 번째는 '지급하는 금액을 생각하는 것'이다.

생명보험을 예로 들어 보자. 생명보험에 가입한 계기를 물어보면 '영업하러 온 여성의 느낌이 좋았기 때문에'라든가 '지인이나 친척이 권해서 어쩔 수 없이 가입했다'라는 대답이 의외로 많다. 그러나 돈의 사용법을 생각하면, 이것은 상당히 우려해야 할 상황이다.

매월 보험료 30만 원의 생명보험에 가입할 때 대부분의 사람은 우선 '현재의 가정 경제에서 매월 30만 원을 낼 수 있을까?'라고 생각하며 계산기를 두드린다. 그리고 '어떻게든 낼 수 있을 것 같다'가 되면 안심을 사기 위해 가입을 결단한다. 그러나 이것은 커다란 착각이라고 할 수 있다.

30세에 매월 30만 원의 보험료를 지급하는 종신보험에 가입했다고 하자. 이 보험료를 60세까지 계속 지급한다면 연 360만 원×30년=1억 80만 원을 내는 것이 된다. 즉, 이 종신보험에 가입한다는 것은 총액 1억 80만 원의 물건을 사는 것과 같다. 오해를 두려워하지 않고 말하면 그 1억 80만 원의 대금을 '월액 30만 원·30년 할부'로 내는 것이라고 할 수 있다. 이런 구조를 이해하지 않은 상태에서 생명보험에 가입하는 것은 상당히 위험한 행위라고 할 수 있다.

물론 종신보험이라면 해약 환급금도 있겠고, 언젠가는 사망보험금도 받을 수 있기 때문에 1억 80만 원이 그대로 사라지는 것은 아니다. 여기서 말하고 싶은 것은 손해냐 이득이냐 하는 말이 아니라 그만큼 총액이 커다란 물건임에도 너무도 안이하게 가입을 결단해 버리는 사람이 많다는 것이다.

세 번째는 '진정한 가치를 가려내는 것'이다.

기본적으로 파는 사람은 좋지 않은 정보는 가급적 말하지 않고, 상대가 이득이라고 여길만한 정보를 솔선하여 말한다. 이것은 좋고 나쁨의 문제 아니라 당연한 것이다. 그 사람은 그것을 판매하여 생계를 이어가고 있기 때문이다. 정보에는 사실과 의견이 있다. 생선 가게의 점원이 "싸요, 싸!", "이거 맛있어요!"라고 권하면 대부분의 사람은 팔기 위해 하는 말이라는 것을 안다. 또한 많은 사람에게 있어서 생선 등의 식료품을 사는 것은 일상적인 일이기 때문에 좋고 나쁨이나 시세에 대한 감각도 있다. 구매 후에 그 말이 점원의 의견일 뿐 사실이 아니라는 것을 알았다고 해도 인생에 그다지 커다란 영향을 미치지 않는다. 그러나 고액의 물건에 대한 사실과 의견의 오인은 인생에서 회복할 수 없는 손해를 초래한다.

부동산의 경우 일생에 1회, 많아도 수 회 정도 밖에 구매하지 않는다. 또한 똑같은 물건이 없다. 그렇기 때문에 더욱 정확한 가치를 알기 어렵다. 마트에서는 100원 단위로 싼지 비싼지를 판단할 수 있는 사람조차도 '방 2개의 70평방미터의 신축 빌라가 5억이네. 옆에 있는 빌라는 4억 5,000만 원이니까 조금 비싸군', '그렇지만 창 밖으로 보이는 경치가 좋고 남향인데 5,000만 원의 차이밖에 나지 않으니, 어쩌면 싼 것일지도 몰라' 등 감각으로 비싼지 싼지를 판단 할 수밖에 없다.

그 때문에 좋고 나쁨을 판단하는 기준을 갖지 못한 채, 여러 가지 친절하게 가르쳐 주는 중개인을 '부동산 프로'라고 착각한다. 단순 한 의견인 "이 물건은 시세보다도 5,000만 원 쌉니다"라는 세일즈 토크를 사실이라고 착각하여 구매하겠다는 결단을 내린다. 그리고 수천만 원, 때에 따라서는 수억 원이나 비싸게 사는 경우가 많다.

우리는 일상생활 중에 지나치게 '가격표'라는 것에 익숙해져 있 다. 주위에 있는 대부분의 상품이나 서비스에 으레 '정가'가 있고, 가격표가 붙어 있기 때문이다. '시가時價'라고 쓰여 있는 초밥집에 가 거나, 가격이 쓰여 있지 않은 와인 리스트에서 고르는데 불안감을 느낀 경험이 있는 사람도 적지 않을 것이다. 이것은 다시 말하면 처 음부터 가격표가 붙어있는 것에 익숙해져 있다는 말이다.

그러나 돈을 현명하게 사용하기 위해서는 진정한 가치를 가려내 는 힘을 길러야만 한다. 돈을 자신에게 최대한 가치 있는 것이나 서 비스와 교환하여 사용할 수 있으면 한정된 수입 안에서도 인생이 더욱 풍성해질 것이다.

5

돈의 교양 4

버는 법

　　'버는 법'이라고 해서 직장인은 '돈의 교양을 높인들 급여체계가 정해져 있는데 수입의 변화가 있을까'라고 생각할지도 모른다.

　그러나 이미 연공서열의 시대는 종언을 맞이하고 있다. 예를 들어 지금은 성과주의 급여 체계가 아니라고 해도 10년 후, 20년 후는 어떻게 될지 모른다. 가까운 미래, 이직하지 않으리라는 보장도 없다. 그때 당신의 시장 가치는 당신이 버는 힘에 따라 크게 달라질 것이다. 버는 힘을 올리는 데 필요한 시점은 크게 2가지가 있다. 하나는 '가치^{value}와 가격^{price}을 가려내는 힘을 기르는 것'. 그리고 또 하나는 '자신이 좋아하고 잘하는 점을 신장시키는 것'이다.

가치와 가격을
가려낸다

버는 힘을 올리는 데 필요한 것이 자격을 취득하는 것도 아니고 어학을 공부하는 것도 아니고 왜 '가치와 가격을 가려내는 것'인가 하고 의아스럽게 생각하는 사람도 있을 것이다. 그러나 여기에 돈을 버는 것의 본질이 있다. 왜냐하면 당신의 수입은 도깨비 방망이처럼 근무처나 거래처의 금고에서 쏟아져 나오는 것이 아니기 때문이다. 거기에는 반드시 지급의 원인이 되는 '매출'이 필요하고 매출에는 반드시 '돈을 지급하는 사람'이 존재한다. 우리가 돈을 손에 넣을 때는 맞은편에 반드시 자신 이외의 누군가가 있다. 스스로 돈을 인쇄하지 않는 한 스스로 돈을 만들어 낼 수 없다. 때문에 직접적이든 간접적이든 반드시 타인으로부터 돈을 받는 구조이다.

돈이 많이 들어오는 사람이 있다는 것은 어딘가에 돈을 많이 쓰고 있는 사람이 있다는 것이다. 당신이 수입을 얻는다는 것은 누군가가 반드시 돈을 지급한다는 것이다. 이 원리원칙을 잊어서는 안 된다.

돈의 교양 ③ '사용법'에서도

- 지급한 금액 이상의 가치를 얻을 수 있었다＝투자
- 지급한 금액과 같은 가치가 있었다＝소비
- 지급한 금액 이하의 가치밖에 얻지 못했다＝낭비

라고 했다.

자신이 돈을 지급하는 측이라고 생각해 보면 알겠지만 사람은 기본적으로 '지급한 이상의 가치가 있다'고 판단하지 않으면 자신의 소중한 돈을 지급하지 않는다. 즉, 사람이 돈을 지급한다는 것은 가치가 있다고 여겼기 때문이다.

그렇다면 사람은 어떻게 가치를 판단하는 것일까?

예를 들면 자신이 좋아하는 명품 가방에는 100만 원을 지급할 수 있지만, 외형도 완전히 똑같고, 재질도 같은 짝퉁 가방에는 100만 원을 지급하지 않는다. 이것은 외형이나 소재의 문제가 아니라 '브랜드'에 가치가 있다고 생각하기 때문이다.

경제학에서는 우리가 가치라고 부르는 것에는 크게 나눠서 2가지 있다고 한다. 첫 번째가 '교환가치', 두 번째가 '사용가치'이다. 교환가치라는 것은 돈과 물건과 서비스를 시장에서 교환할 때의 가치이다. 이 가치는 금액으로 표현된다. 예컨대 당신이 세 살 때부터 계속 소중하게 여기고 있는 곰 인형이 있다고 하자. 머리맡에 두고 매일 밤 같이 자기 때문에 인형은 지저분하고 곳곳에 상처도 났다. 그리고 어머니의 유품인 빨간 털장갑. 어머니가 어렸을 때 할머니가 떠주신 것으로 어른이 되어서도 어머니는 소중하게 침실 선반에 장식해 두었다. 어느 쪽도 다른 사람이 본다면 '상품'으로서 시장에서 팔 수 없다. 즉 '교환가치'는 제로이다. 그러나 자신에게 있어서는 더할 나위 없이 소중한 것이라면 대신 100만 원, 1,000만 원을 준다고 해도 팔지 않을 것이다. 교환가치가 제로라고 해도 소중한 추억이나 감정이 담겨 있기 때문에 당신에게 가치는 매우 높다. 이럴 때 당신이 곰 인형이나 빨간 털장갑에 느끼는 가치. 이것이 두 번째의 '사용가치'이다. 이 특징은 어떤 사람에게 있어서는 매우 가치가 있지만 다른 사람이 보면 전혀 가치를 느끼지 못하는 일이 으레 일어날 수 있다는 점이다. 즉, 사용가치는 사람에 따라 다르다. 또 하나 예를 들겠다.

어느 셀렉트숍에서 10만 원에 들여온 양복을 100만 원에 팔고 있다고 하자. 들여온 가격은 거의 교환가치이다. '10만 원에 들여온 물건에 90만 원의 이익을 보려는 것은 도둑놈의 심보다'라고 생각하는 사람이 있을지도 모르지만, 셀렉트숍에서 팔고 있는 가격은 '양복'이라는 상품 그 자체만이 아니다. 거기에는 '상품을 고르는 센스'나 '당신이 본래 그 센스 좋은 양복을 찾아내는데 필요한 수고'가 덧붙여져 있다.

이 덧붙여진 가격이 말하자면 '부가가치'이자, 사는 사람에게 있어서는 '사용가치'가 되는 것이다. 다시 말하면 셀렉트숍의 고객은 '자신의 가치관에 맞는 것을 골라 줬다는 사용가치'에 돈을 지급한다고 할 수 있다. 만약 '상품을 선택하는 센스'나 '본래 그 센스 좋은 양복을 찾아내는 데 필요한 수고'에 90만 원의 가치가 없다고 많은 소비자가 느끼면 표시 가격은 결과적으로 내려갈 것이다. 반대로

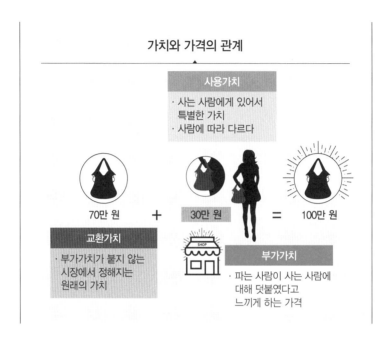

가치와 가격의 관계

사용가치
· 사는 사람에게 있어서
  특별한 가치
· 사람에 따라 다르다

70만 원 + 30만 원 = 100만 원

교환가치
· 부가가치가 붙지 않는
  시장에서 정해지는
  원래의 가치

SHOP

부가가치
· 파는 사람이 사는 사람에
  대해 덧붙였다고
  느끼게 하는 가격

그 셀렉트숍에서 10만 원에 들여온 양복을 100만 원으로 계속 팔고 있다면, 그것은 이 숍이 제공하는 부가가치가 사는 사람(고객)에게 충분히 가치가 있다고 인정받은 증거라고 할 수 있다.

가치를 구성하는 것은
무엇인가?

또 하나, 가치와 가격을 생각할 때 의식했으면 하는 것이 있다. 그것은 그 가치를 만들어 내는 것이 사람, 즉 인간인가, 아니면 기계인가 하는 것이다. 예로 들어 알기 쉬운 것은 초밥일 것이다. 남 밑에서 수행을 거듭하여 기술을 연마해 온 달인이 하나하나 정성을 들여 만든 초밥과 모든 것이 기계에 의해 자동화되어 사람의 손을 빌리지 않고 만들어진 초밥을 같은 테이블에서 먹는다 해도 그 가치를 구성하고 있는 것은 전혀 다르다.

'초밥의 달인이 하는 초밥집과 회전 초밥집은 애초에 가격대가 다르니까'라는 단순한 것이 아니다. 같은 7,000원 생선 조림 정식이라도 옛날 그대로의 정식집에서 제공하는 것과 패밀리 레스토랑에서 제공하는 것은 조리과정이 전혀 다르다.

전자는(요리 실력은 어찌 되었건) 사 온 생선을 가게에서 손질하여 냄비에 조리며 노하우가 담긴 조미료를 친다. 특별 조미료를 더하고 정성을 들여 완성한다. 한편 후자는 공장 설비에서 제조된 후 각각 포장되어 점포에 배송된다. 그것을 아르바이트 점원이 정해진 시간과 정해진 온도로 데워서 제공하는 것이 일반적이다. 말하자면 스마트폰이나 비닐우산과 마찬가지로 '공장 제품'이다.

7,000원이라는 가격은 같아도 그 가치의 알맹이는 본질적으로 다르다는 것을 알 수 있다. 옷이나 가구도 그렇다. 장인이 다리 하나하나를 손으로 만든 의자와 조립 공장 설비에서 대량 생산된 의자. 장인이 한 장 한 장 재단부터 재봉까지 손으로 만든 와이셔츠와 공장 설비에서 대량 생산된 와이셔츠 이것들의 가치 차이는 분

명할 것이다.

가치의 차이는 이해할 수 있지만, 손으로 만든 것은 대량 생산된 것에 비해 가격이 비싸기 때문에 한정된 수입으로는 공업 제품을 사게 되는 것은 어쩔 수 없지 않느냐는 반론이 있을지도 모른다. 분명 그런 측면이 있는 것도 부정할 수 없지만, 이것 또한 취향의 문제다.

영국 왕실의 캐서린 비는 서민적인 가격이면서도 센스 좋은 옷을 입는 것으로 알려졌다. 그녀의 딸 샬롯 왕녀가 태어난 지 6개월일 때와 1년일 때의 사진을 공개했는데 입혔던 옷이 모두 스페인의 작은 패션 브랜드 'M&H'이었다. 모든 제품이 핸드메이드임에도 왕녀가 입고 있었던 원피스는 29.95유로(당시 약 4만 원)였다. 가격에 비해 가치가 한없이 높았던 예라고 할 수 있다.

나 자신도 맛있는 음식을 먹는 것이 둘도 없는 취미인데, 음식점을 선택할 때 내용물의 가치를 상당히 중시한다. 가격이 합리적이고 맛있어도 공장에서 만들어진 메뉴가 있는 음식점은 피하고 요리사가 '손님에게 맛있는 음식을 만들어 주고 있다'라는 느낌의 음식점을 찾아간다. 그리고 술이나 요리는 물론 물도 일부러 유료의 물을 주문하여 적지만 조금이라도 매상이 올라가도록 응원한다.

패밀리 레스토랑이든 공장이든 거기서 일하는 '사람'이 있지 않느냐라는 반론도 있을 것이다. 물론 그렇다. 공장에서 일하는 사람이나 그 경영자도 '한 명이라도 더 많은 사람에게 맛있게 제공하여 기뽐을 주고 싶다'고 생각할지도 모른다. 그러나 그것이 포장되어 유통 업자에 의해 점포에 운반된 후 점포에서 일하는 사람의 손에 의해 판매되는 과정을 거치면서 제공하는 측의 '온기'는 필연적으로 엷어져 버린다.

특별히 공업 제품이기 때문에 나쁘다고 말하는 것이 아니다. 중요한 것은 돈을 지급할 때 그 내용물의 가치는 무엇인가를 의식하는 것이다. '초밥이 ○○ 원', '생선조림 정식 ○○ 원', '의자 ○○ 원'이라고 돈을 지급하는 물건 혹은 서비스와 가격을 비교하는 것뿐만 아니라 그것이 어떤 과정을 거쳐 거기에 존재하는지 생각하는 습관을 갖는 것이다. 그렇게 하는 것으로 더욱 다각적으로 가치를 가려낼 수 있게 된다.

부가가치를 창출하면
비즈니스가 된다

셀렉트숍의 예에서도 알 수 있듯이 사는 사람에게 있어서 '사용가치'란 파는 사람이 만든 '부가가치'라고도 할 수 있다. 교환가치가 아무리 저렴했다고 해도 사용가치에 대한 신용이 높으면 결과로서 가격이 높아도 팔린다.

따라서 당신이 버는 힘을 올리고 싶다면 파는 사람 측에 섰을 때 '교환가치와 사용가치의 차가 큰 것은 어떤 상품·서비스인가?', '같은 상품·서비스라도 가격차를 내기 위해서는 어떻게 하면 좋을까?', '어떻게 하면 상대방이 커다란 사용가치를 느낄 수 있을까?'를 생각하여 실현해 가면 된다. 셀렉트숍의 예로 말하면 당신이 차액 90만 원 분의 '부가가치'를 창출할 수 있으면 그것이 비즈니스가 되는 것이다.

여기서 말하는 비즈니스란 특별히 창업만을 말하는 것이 아니다. 비록 당신이 직장인이라고 해도 이 시점을 갖고 일을 하는 것과 막연히 주어진 일을 하는 것과는 결과가 크게 달라진다. 그 결과의 차이는 언젠가 반드시 급여로 되돌아온다. 고용한 측에서는 커다란 수익을 만들어내는 사원에게는 그만큼 급여로 환원하고 싶다고 생각하는 것이 당연하고 그 사원 자신이 만들어 내는 수익 중에서 일부를 급여로 환원하는 것은 회사 차원에서 아무런 손해가 되지 않는다. 오히려 급여가 오르지 않아 모티베이션이 떨어지거나 이직해 버리는 경우 손해가 크다. 이처럼 당신이 가치와 가격을 가려내는 능력을 연마하면 그것은 장기적으로는 반드시 버는 힘으로 수렴되어 갈 것이다.

가치와 가격을 가려내는
5 STEP

가치value와 가격price을 가려내는 힘은 그대로 그 사람의 버는 기술로 표현된다. 가치와 가격을 가려내는 힘에는 다음의 표와 같이 5가지 STEP이 있다. 이 5단계의 STEP을 서서히 올리면 버는 힘이 붙는 이유를 설명하겠다.

우선 ①의 '일반 소비자'라는 것은 기본적으로 가치와 가격을 가려내지 못하고 '50% 할인', '오늘만 파는 한정품'이라는 말을 듣는 것만으로 이득을 본 느낌이 들어 돈을 지급하는 사람을 가리킨다. 즉, 그 물건이나 서비스의 가치를 세일즈 토크만을 판단 자료로 돈을 지급한다는 것이다. 이 경우 인생에서 많은 지출을 강요당하게 된다.

②의 '가치를 보고 물건을 살 수 있는 소비자'란 소위 '빈틈없는 사람'이라고 불리는 사람을 말한다. 가격에 휘둘리지 않고 빈틈없이 그 물건이나 서비스의 가치를 판단하여 물건을 살 수 있다. 때로는 가게마다 가격을 비교하거나 가격 교섭을 하는 현명한 소비자를 말한다.

③의 '가치와 가격의 차를 비즈니스 할 수 있는 사람'이란 스스로가 소비자로서 가치와 가격의 차를 이해한 뒤에 그것을 소비자 측뿐만 아니라 제공하는 측으로서 이용할 수 있는 사람이다.

가치와 가격을 가려내는 5가지 STEP

STEP 1	일반 소비자
STEP 2	가치를 보고 물건을 살 수 있는 소비자
STEP 3	가치와 가격의 차를 비즈니스 할 수 있는 사람
STEP 4	가치를 만들어 낼 수 있는 사람
STEP 5	만들어낸 가치를 세상에 확산시킬 수 있는 사람

가장 알기 쉬운 예가 한 자루 1,000원에 들여온 볼펜을 소매점에서 1,500원에 파는 것이다. 이것은 그야말로 가치와 가격의 차를 비즈니스 하고 있다. 제조회사와 거래할 수 있는 권리를 확보함과 동시에 소매점에서 판매할 수 있는 경로를 확보하여 그 가격 차이를 이익으로 삼는 비즈니스 모델이다.

이 경우 이익 폭이 큰 시장을 찾을 수 있는 사람일수록 사회에서는 '능력 있는 비즈니스 퍼슨'이 된다. 예를 들면 볼펜의 이익 폭보다도 높은 시장이 있으면 그것을 찾아 비즈니스로 삼아 가는 기술이다.

시장에서 들여온 커다란 참치를 100그램, 200그램 등 팩에 나누어 담아 판매하는 생선 가게. 경영 지식이나 노하우가 있는 사람이 경영자에게 그 일부를 가르쳐 주는 경영 컨설팅. 빌라를 한 채 지어 소유권을 판매하는 부동산 개발자. 공간과 시간을 작게 나누어 빌려주는 코인 로커. 이것들은 각각 시장(마켓)의 차, 양의 차, 지식의 차, 시간의 차 등을 이익의 원천으로 삼는 아비트리지[22]라고 불리는 비즈니스 수법이다. 이러한 차에 의해 가치와 가격의 차를 만들어 내 이익을 올려간다는 것이다.

④의 '가치를 만들어 낼 수 있는 사람'이란 차이를 만들어낼 뿐 아니라 스스로 부가가치를 창출하여 그 결과 가격도 높일 수 있는 사람을 말한다.

가격을 높이는 방법은 실로 여러 가지가 있다. '소비자의 편리성으로 가치를 높인다', '그 물건이나 서비스가 만들어지기까지의 스토리로 가치를 높인다', '디자인으로 가치를 높인다' 등 생각에 따라 부가가치를 만들어 낼 가능성은 무한대이다.

알기 쉬운 사례로 애플사를 들 수 있다. 본래 노트북이 아니면 할 수 없었던 기능을 주머니에 넣어서 가지고 다닐 수 있게 만든 iPhone은 눈 깜짝할 사이에 세계 전체에 새로운 가치를 퍼뜨렸다. 그 가치의 내용물은 기능뿐만 아니라 개발까지의 스토리나 디자인 등도 커다란 부가가치가 되었다고 말할 수 있다.

---

[22] 차익거래. 동일한 상품에 대해 두 시장에서 서로 가격이 다른 경우 가격이 저렴한 시장에서 그 상품을 매입하고 가격이 비싼 시장에서 그 상품을 매도해 이익을 얻고자 하는 거래로, 재정거래裁定去來라고도 한다.

서점이라는 형태를 라이프스타일을 파는 곳으로 진화시킨 츠타야蔦屋 서점이나 곁에 애완동물을 둔다는 전혀 새로운 가치를 만들어 낸 타마고치. 이것들도 단순히 가치와 가격의 차를 이용했을 뿐만 아니라, 스스로 가치를 높여 성공하거나 지금까지 없던 새로운 가치를 만든 좋은 예이다.

그리고 5가지 STEP의 마지막이 '만들어낸 가치를 세상에 확산시킬 수 있는 사람'이다. 물건이나 서비스로 새로운 가치를 만들어냈다고 해도 그것이 시장에 퍼지지 않으면 그다지 의미가 없다. 만들어낸 가치를 얼마나 시장에 확산할 수 있는가가, 얼마나 커다란 규모의 새로운 가치를 창조할 수 있었는가에 직결되는 것이다.

이것도 iPhone을 예로 들면 알기 쉽다.

iPhone의 2015년 출하 대수는 세계에서 2억 3,150만대를 기록했다. 전 세계가 이 정도로 iPhone을 사용하고 있다는 것은 그만큼 시장에 커다란 가치를 제공하고 있다는 것이기도 하다.

부가가치가 올라가면 가격도 올라간다. 애플사의 2016년도 2/4분기 매출 총이익률은 39.4%에 달한다. 가치를 만들어 내고 그 가치를 세계에 확산한다. 그 가치를 세계의 많은 사람이 향수하는 것에 의해 회사는 보다 많은 이익을 얻고 장기적으로는 사회 전체가 더욱 편리하고 쾌적하게 되어 간다. 가치와 가격을 가려내는 능력을 높이는 것은 서로에게 이러한 좋은 영향을 주는 것이다.

시간연동에서
벗어난다

미국의 저널리스트 토머스 프리드먼^{Thomas Friedman}은 저서『세계는 평평하다』에서 글로벌화가 진행되는 세계에서 선진공업국의 임금 수준은 개발도상국의 임금 수준을 수렴해 간다. 또, IT화가 진행되면 모든 비용이 한없이 제로에 가까워진다고 했다.

지금까지 국내에서 행해지던 일들이 해외에서 대행하는 사례가 급증하고 있다. 영국에서의 커스터머 서포트 등의 전화안내 업무는 필리핀이나 인도에서 집중되고 있다. 시스템 개발 등도 인건비가 저렴한 베트남 등의 나라에 외주를 주는 사례가 늘고 있다. 시간연동 일은 앞으로 점점 세계 곳곳에서 경합이 일어날 것이다.

IT화의 영향은 전철표를 떠올리면 쉬울 것이다. 20~30년 전에는 역의 개찰구에 역원이 서서 표를 검사하는 것이 당연한 모습이었지만 지금은 대부분 자동개찰기로 바뀌었다.

자동차 자동운전 기술이 발전하면 택시든 트럭이든 '운전사'라는 직업의 수요는 줄어들 것이다. 마트의 계산 자동화가 진행되면 계산원이라는 직업은 존재하지 않게 된다. 스포츠 심판도 기계의 정확성에는 이길 수 없다. 심판원이라는 직업이 사라지는 것은 시간문제일 것이다. 즉, 지금은 당연하게 존재하는 직업이나 일이 몇십 년 후에는 존재하지 않을지도 모른다는 것이다.

영구 옥스퍼드 대학에서 인공지능을 연구하고 있는 마이클 A 오스본^{Michael A.Osborne} 교수가 2014년 발표한 〈고용의 미래 - 컴퓨터화에 의해 일이 사라질 것인가?〉라는 논문이 화두가 된 것을 기억하는가? 미국 노동성의 데이터를 바탕으로 702가지 직종에 대해서 IT화의 진전으로 어느 정도의 영향을 받을지를 분석했더니 약 47%가 도태될 위험이 높다는 결과가 나왔다.

싫은 것, 괴로운 것을 참고 있다고 해서 안정된 수입이 보장되는 시대는 가까운 미래에 확실히 종언을 맞이할 것이다. 버는 능력을 올리고 싶다면, 어떻게 하면 개발도상국의 자본 수준이나 IT의 진전에 맞설 수 있을지를 진지하게 생각해야 한다.

그 열쇠를 쥐고 있는 것은 날마다의 루틴워크(정해진 하루의 일 - 역자 주)나 자료의 작성이라는 '시간연동' 일에서 벗어나 관리나 창작 등 '성과연동' 일로 옮겨가는 것이다. 업종이나 포지션에 따라 다르겠지만, 일반적인 비즈니스 퍼슨은 일의 70~80%는 시간연동 작업에 소비하고 있을 것이다. 시간연동 일은 평평해지는 세계에서 앞으로 상대적인 수요가 적어질 것이다. 그러나 관리나 창조 등의 '성과연동' 일은 개발도상국의 싼 임금과 경쟁할 필요도 없고 내장된 프로그램에 따라 아웃풋밖에는 할 수 없는 기계로 대치될 일도 없다. 그리고 시간연동 일의 기본적인 문제는 당신의 시간과 수입을 바꾼 것에 지나지 않는다는 것이다.

인생에 있어서 가장 한정된 '시간'을 내주고 수입을 얻는다는 것은 인생을 풍성하게 할 도구인 돈을 얻기 위해, 인생 그 자체를 잘라서 파는 것이다. 고수입을 올리는 직장인 중에 지나치게 바빠서 돈은 있지만 사용할 시간이 없다고 한탄하는 사람, 집에서 보내는 시간이 거의 없기 때문에 가족과의 심리적 거리가 멀어진 사람이 적지 않은데 바로 이 덫에 걸렸다고 말할 수 있다.

반면 성과연동 일은 일한 시간에 비례하여 수입이 올라가는 것이 아니라 성과에 따라 수입이 달라진다. 예를 들어 일한 시간이 하루에 1시간이라도, 여행지에서 메일로 지시를 내리는 일뿐이었다고 하더라도 성과가 나오면 수입을 얻을 수 있다.

직장인이라도 원리는 같다. 하루에 8시간, 한 달에 20일이라는 노동 시간은 변함이 없지만 같은 시간에 커다란 부가가치를 만들어내 수입이 올라가면 그만큼 당신의 시간적 가치도 올라간다.

시간연동 일은 철저히 효율화나 구조화하여 소비하는 시간을 줄일 수 있다. 방법론에 대해서는 저자의 졸저『'구조' 일하는 기술(「仕組み」仕事術)』등을 참고하기 바란다. 우선은 효율에 따라 2배의 효율, 즉 시간을 반으로 줄이는 것을 하나의 목표로 삼도록 하자. 그리고 빈 시간을 시간연동 일에서 벗어나기 위한 기반 만들기에 사용하는 것은 어떨까 한다.

스파이키한
능력을 높인다

평평해지는 세계이기 때문에 높여야만 하는 것이 '스파이키^{spiky}'한 능력이다. 스파이키란 한마디로 말하면 '날카롭다'라는 의미이다. 즉, 개발도상국 사람이나 기계가 할 수 있는 일이 아니라, 창조적 감성으로 부가가치를 높이는 일을 하는 사람이 되는 것이다. 지금까지 세상에 없던 새로운 상품을 만들어낸다. 지금까지 없던 새로운 가치를 세상에 만들어낸다. 비록 시대는 변해도 당신의 가치는 사라지지 않을 것이다.

세계적인 패션 브랜드인 에르메스^{Herme's}는 원래 마차가 주요한 교통기관이었을 시대에 마구를 제조하는 공방이었다. 그러나 자동차의 등장으로 마차의 수요는 사라져 갔다. 위기를 가방이나 지갑을 비롯한 가죽 제품의 제조로 방향을 바꿔 지금에 이르렀다. 당시 마구를 제조하는 공방은 수없이 많았을 것이다. 피혁 제품의 제조로 업태를 바꾼 공방도 있었을 것이다. 그중에서도 에르메스만이 현재 세계적 위치를 차지하고 있는 이유는 무엇인가? 그것은 에르메스 제품의 창조성 그리고 품질이 동종 타사에 비해 압도적으로 스파이키했기 때문이라고 나는 생각한다.

'창조성'이나 '높은 품질'이라는 가치는 주위의 환경이 변해도 변하지 않는다. 그리고 그 가치는 장기적으로 보면 당신의 시간적 가치를 높여줄 것이고, 사회나 회사에서 성과를 인정받으면 시간연동 일로 얻을 수 있는 시급의 한계치를 훨씬 넘는 수입을 가져다 줄 것이다.

잘하는 부분을
신장시키는 데 투자한다

자신의 시간적 가치를 높이기 위해서는 못하는 부분을 억지로 신장시키기보다는 자신이 좋아하고 잘하는 부분을 신장시키는 것이 유리하다. 이를 위해서 우선 자신의 장점이 무엇인가를 파악해야 한다.

그 기준으로 주위에 있는 100명에게 절대로 지지 않는 '어떤 것'에 포커스를 맞출 것을 권한다. 미각만은 누구에게도 지지 않는다, 누구에게도 마음을 맞출 수 있다, 결단력이 빠르다, 클레임 대응, 지도를 읽는 능력, 타이핑이 빠르다, 삶은 달걀 껍데기를 예쁘게 깔 수 있다, 에반게리온에 대해서라면 무엇이든 알고 있다 등 무엇이든 좋다. 몇천 명, 몇만 명 규모의 넓은 시점에서 보면 같은 레벨을 가진 사람이 있을지도 모르지만, 우선은 '100명 중에서 이것만은 절대로 지지 않을 자신이 있다'고 하는 것을 장점이라고 정의하자.

'자신에게는 그런 능력도 기술도 없다'라고 생각되더라도 자신이 깨닫지 못할 뿐인 경우도 왕왕 있다. 만약 모른다면 친구에게 물어보는 것도 좋다.

프레젠테이션을 몹시 잘하는 사람이 있었다. 그의 프레젠테이션은 내용을 알기 쉬울 뿐만 아니라 곳곳에 유머가 있는 등 완급의 타이밍도 절묘하여 청중을 질리게 하지 않는다. 어려운 내용의 프로젝트 설명도 매우 알기 쉽다는 평판이었다.

주위에서 보면 그는 처음부터 프레젠테이션의 천재처럼 보였지만, 그에게는 그것이 장점이라는 감각이 전혀 없었다. 오히려 프레젠테이션에 서툴다는 의식이 강했다. 왜냐하면 사람을 끌어당기는 화술이 서툴다고 생각하고 있었기 때문이다. 그랬기 때문에 화술에 대한 책을 읽거나 프레젠테이션 세미나에 참석하거나 집에서 비디오로 촬영하면서 몇 번이고 연습하는 등 시간을 들여 여러 가지 트레이닝을 하며 노력하고 있었다.

또 공부만 한 것이 아니라 공부한 것을 실천하여 좋은 반응을 얻은 프레젠테이션을 했을 때의 성공체험을 기록하여 분석했다. 어떤 옷을 입었는가? 표정은 어떠했는가? 말하는 속도는 어땠는가? 듣는 사람이 이해할 수 있는 시간은 어느 정도 필요했는가? 상대가 집중하는 시간은 몇 분이 한계인가? 레쥐메^{resume}가 잘 안 됐을 때와 비교하면 뭐가 다른가? 어디에 조크를 넣었더니 청중의 반응이 좋았는가? 청중의 연령은? 이렇게 하여 성공하는 프레젠테이션 기술을 습득 후 궁리를 거듭하며 연마해 온 것이다.

내가 대표로 있는 파이낸셜 아카데미에는 3개월마다 사원을 평가하는 인사평가제도가 있는데, 여기서 중요한 역할을 하는 것이 독자 개발한 '퍼스널 스킬(강점 발견) 시트'이다. 이 시트에서는 업무에 요구되는 강점을 '기획력, 논리적 사고, 리더십, 디자인 센스, 개선력, 자기 관리력' 등 약 50항목으로 세분화되어 있고, 각각 5개의 STAGE(단계)로 나뉘어 있다.

여기서 포인트는 못하는 것을 신장시키려고 하지 않는 것이다. 어디까지나 그 사람의 장점을 STAGE 사고에 의해 5단계에서 살펴본 후 신장시킬 장점을 4~6개로 줄여 찾아내는 것이 이 시트의 역할이다. 무엇이 그 사원이 가지고 있는 장점인가를 파악하여 의식적으로 신장시켜 가면서 개인의 장점이 조직 안에서의 '부가가치'로 변해 간다. 그리고 그 부가가치가 전체에서 수익을 창출하고 개인 수입에 반영되어 가는 것이다.

자신이 좋아하는 것, 잘하는 것을 찾아 그것에 철저히 투자하고 연마한다. 서툰 부분은 과감하게 포기한다. 이 판단을 정확히 하느냐 그렇지 않으냐가 평평해지는 사회 가운데 안정적으로 버는 힘을 유지하기 위한 열쇠이다.

'중성자탄 잭'이라고 야유당한 잭 웰치를 아는가? 1981년부터 2001년까지 GE(제너럴 일렉트릭)의 최고경영자를 역임한 미국의 실업가이다. 그는 '넘버 원, 넘버 투 전략'을 내걸고 세계에서 1위나

2위가 될 수 없는 사업은 철퇴를 결단하는 것으로 자본력을 재정비하고 국제화 추진을 꾀했다.

당시 세계를 놀라게 한 것은 미국 시장에서 톱브랜드로서 군림하고 있는 가전 분야에서 철퇴한 것이다. 언뜻 보기에 충분한 포지션을 확립하고 있음에도 불구하고 한국·일본을 비롯하여 기술국이 대두하는 것을 보고 철퇴를 결정했다. 그 정도로 철저히 강점에 집중 투자하여 계속 넘버원이나 넘버 투의 자리를 유지하는 것에 의미를 두었다.

물론 개인이 세계에서 넘버원이나 넘버 투가 되는 것은 쉽지 않다. 그러나 이러한 생각이 기업과 개인을 불문하고 불변의 진리이다. 자신이 좋아하는 것이나 장점에 지식과 시간과 돈을 집중 투자하여 신장시켜야 한다.

"좋아하는 일을 하며 돈을 벌 수 있을 정도로 사회는 호락호락하지 않아"라는 말을 듣는다. 그러나 그것은 '좋아하는 것'이 주위의 100명에게 지지 않을 정도의 정점까지 도달하지 못했기 때문에 결과가 나오지 않을 뿐이다. 문제는 차별화와 노력이 부족하다는 데 있다. 왠지 '골프를 좋아하니까 골프를 직업으로 삼자'라는 레벨로는 도저히 무리이다. 그 '좋아하는 것'이 주위의 100명에게 지지 않을 강점이 될 레벨에 도달하면 충분히 좋아하는 것을 직업으로 삼을 수 있을 것이다.

지금의 사회에서는 '일은 힘든 것이 당연하다'라는 선입관이 만연

되어 있다. 혹은 '급여란 일을 하는 8시간이라는 시간을 돈과 바꾼 것이다'라고 생각하는 사람도 적지 않다. 그 때문에 돈을 버는 것과 좋아하는 것을 직업으로 삼는 것은 전혀 별개라고 생각하는 사람이 많다. 그러나 돈이란 신용을 가시화한 것이다. 당신이 사회나 회사에서 부가가치를 창출하면 거기에 신용이 생겨나고 신용이 있는 곳에는 돈이 생긴다.

돈이라는 위대한 발명에 의해 우리는 '자신의 장점을 수입과 연결하는 길'을 손에 넣은 것이다. 우리는 돈이라는 도구에 감사하고 더욱 자신의 강점을 사회에서 활용하는데 욕심을 내야 한다. 돈을 얻기 위해 일하는 것이 아니라, 일하는 것으로 자신이라는 가치를 사회에 제공하고 마음과 시간의 풍성함을 손에 넣는다. 그것이 돈의 교양이 높은 사람이 돈을 버는 법이다.

돈의 교양 5
불리는 법

　　7가지 돈의 교양 중에서도 습득까지 비교적 시간이 걸리는 것이 '불리는 법'이다. 왜냐하면 그 외의 요소와 다르게 가정에서도 학교에서도 대부분의 사람이 이 요소에 대해서 배운 적이 없기 때문이다. 그 때문에 '자산운용'이나 '투자'라는 말을 듣는 것만으로 '리스크가 있어서 무섭다'라든가 '어려울 것 같다'는 부정적인 선입관으로 거부해 버리기 쉽다. 그러나 앞으로의 시대를 살아갈 우리는 이 '돈을 불리는' 지식이나 기술을 습득하지 않으면 오히려 리스크를 증폭시킬지도 모른다.

　지금까지는 자신이 일해서 돈을 벌면 생활은 그것으로 충분하다고 생각해 왔다. 왜냐하면 급여는 연공서열로 올라가고 정년퇴직할 때는 목돈의 퇴직금을 받으며 노후는 공적연금으로 생활할 수 있기 때문이다. 그렇지만 앞으로는 다르다.

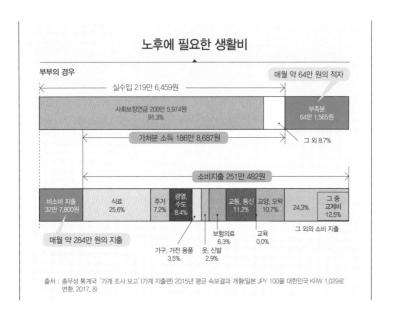

노후에 필요한 생활비

부부의 경우

실수입 219만 6,459원

매월 약 64만 원의 적자

| 사회보장연금 200만 5,974원 91.3% | 부족분 64만 1,565원 |

가처분 소득 186만 8,687원

그 외 8.7%

소비지출 251만 482원

| 비소비 지출 32만 7,800원 | 식료 25.6% | 주거 7.2% | 광열, 수도 8.4% | | 교통, 통신 11.2% | 교양, 오락 10.7% | 24.3% | 그 중 교제비 12.5% |

매월 약 284만 원의 지출

가구, 가전 용품 3.5%

옷, 신발 2.9%

보험의료 6.3%

교육 0.0%

그 외의 소비 지출

출처 : 총무성 통계국 '가계 조사 보고'(가계 지출편) 2015년 평균 속보결과 개황(일본 JPY 100을 대한민국 KRW 1,029로 변환, 2017. 8)

종신고용은 이미 붕괴하고 있다. 기업에 퇴직금 제도가 없는 것은 지금은 당연한 일. 게다가 공적연금제도는 간신히 유지되고 있다. 총무성 통계국의 '가계 조사 보고'(2015년)을 바탕으로 현재 연금 생활을 하는 사람의 평균적 가계를 봐도 이미 부부의 경우 약 64만 원의 '적자'이다. 즉 '이기고 도망간 세대'라고 야유받는 현재의 연금 생활자층도 공적연금만으로는 부족하여 금융자산을 헐어서 생활하고 있는 것이 현실이라는 말이다.

NPO 법인 핫플러스의 대표이사이자 『하류노인』의 저자인 후지타 다카노리藤田孝典는 '이대로 가다가는 고령자의 90%가 빈곤화될 것이다'라고 시사했다. 생활보호 수급자 전체 중 65세 이상의 고령자가 차지하는 비율은 이미 40%를 넘었다. 현재도 이런 상황인데 연금 재정의 악화가 진행된 10년 후, 20년 후는 더욱 심각한 상황이 될 것은 자명한 일이다.

돈과 맞벌이를 한다

자산운용이란 '자신의 돈을 일하게 하는 것'이다. 일한다는 것은 사회나 회사에 가치를 제공하고 급여라는 형태로 돈을 얻는 것이다. 그렇다면 돈을 일하게 한다는 것은 무슨 의미인가? 이것은 주식투자를 생각하면 알기 쉽다.

우리가 주식을 사면 그 돈은 간접적으로 투자한 기업으로 흘러들어간다. 기업은 그 자금을 활용하여 새로운 상품이나 서비스를 세상에 만들어낸다. 그 상품이나 서비스의 가치가 세상의 많은 사람에게 인정받으면 매출이 늘어 이익을 얻는다. 이익을 얻으면 주식을 산 투자자는 배당금이라는 형태로 그 이익을 환원받는다. 혹은 실적이 신장하여 주가가 상승하면 주식을 매각하여 이익을 얻을 수 있다.

즉, 어느 쪽도 사회나 회사에 뭔가를 제공하고 그 대가로 돈을 얻는다는 기본적인 구조는 변함이 없다. 자신이 일하거나 자신의 돈이 일하거나 이 차이밖에 없다. 돈을 일하게 하지 않고 자신만이 일하는 상황은 말하자면 로프 하나에 의지하여 벼랑에 매달려 있는 것과 같다. 혼자 사는 사람은 말할 것도 없고 한 가정의 가장인 아버지가 병으로 장기 요양을 해야 하거나 명예퇴직으로 일자리를 잃는다면 한순간 생활비의 토대가 무너질지도 모른다. 이러한 경우에 평소 돈을 일하게 하여 자산운용에 의한 수입원을 확보해 두면 다소나마 가계를 안정시킬 수 있다. 마찬가지로 벼랑에 매달려 있다고 해도 로프는 한 줄보다는 두 줄인 편이 마음이 든든하다.

리스크의 본질

자산운용에는 리스크가 따른다. 이것은 분명한 진실이다. 어떤 최첨단 금융공학을 가지고도 이 사실은 바꿀 수가 없다. 그러나 자산운용을 하지 않으면 단순히 리스크를 회피하는 것밖에 되지 않는다. '내버려 두면 미래 생활비가 부족해지는 리스크', '수입원이 하나 밖에 없는 리스크' 자산운용을 하지 않는다는 것은 인생에 있어서 이러한 리스크를 그대로 방치해 두는 것이기도 하다.

자산운용에서 자주 듣는 '리스크'란 금융상품 수익의 흔들림을 가리킨다. 투자한 자금이 줄어들 리스크라고 바꿔 말하면 알기 쉬울 것이다. 분명 일부는 "원금마저 까먹을지도 모른다는 생각으로 무서워서 밤에 잠이 오지 않아"라고 말하는 사람도 있다. 이러한 사람

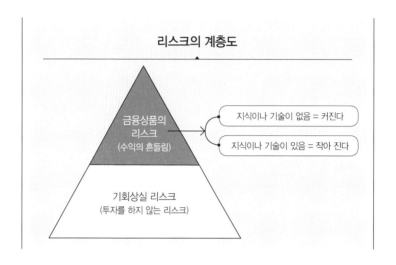

리스크의 계층도

금융상품의
리스크
(수익의 흔들림)

지식이나 기술이 없음 = 커진다

지식이나 기술이 있음 = 작아 진다

기회상실 리스크
(투자를 하지 않는 리스크)

은 자금운용에 의해 자금이 줄어드는 리스크를 감수하는 것은 정
신 건강상 좋지 않을지도 모른다. 그러나 이러한 금융상품 자체가
가진 리스크는 실은 몹시 한정적인 리스크이다. 위의 표를 봐도 알
수 있는 것처럼 진정한 의미에서의 리스크는 '이대로 가다가는 노
후의 생활비가 부족할지도 모른다'라는 자각이 있으면서도 대책을
세우지 않고 방치에 두는 것, 즉 '투자하지 않는 리스크'를 선택하
는 것이다.

또, '이 금융상품은 리스크가 크다'라든가 '이 금융상품은 안전'이
라는 말을 자주 듣지만 리스크의 정도는 금융상품에 따라 절대적
으로 정해지는 것이 아니다. 왜냐하면 리스크를 크게 하는 것도 작
게 하는 것도 투자하는 사람, 즉 자기 자신이기 때문이다. 예를 들

어 우리가 시속 200킬로미터로 자동차를 운전하는 것은 목숨을 잃을 가능성이 높은 몹시 위험한 행동이다. 그러나 운전하는 사람이 F1 레이서라면 어떨까? 프로로서의 경험과 기술이 있다면 그 정도로 위험한 행동이라도 말할 수 없을 것이다. 자산운용도 그렇다. 세계에서 가장 저명한 투자가로 알려진 워런 버핏이 하는 주식투자와 도박 좋아하는 사람이 하는 주식 투자는 같은 주식투자이지만 과연 리스크가 같다고 할 수 있을까? '투자는 위험하다'고 생각한다면 그 리스크를 조장하고 있는 것은 다름 아닌 당신 자신이다. 지식과 기술을 연마하여 금융상품의 리스크는 줄일 수 있다. 그리고 그것보다도 훨씬 치명적이라고 할 수 있는 투자하지 않아 생기는 '미래의 생활비가 부족해진다'는 리스크나 기회 상실의 리스크를 피할 수 있다.

유동 수입과
고정 수입

'부자'라고 불리는 사람은 두 종류로 나눌 수 있다. 하나는 벌이가 많은 '플로 리치' 그리고 또 하나는 많은 자산을 가진 '스톡 리치'이다.

할리우드에서 활약하는 세계적인 대스타나 타이거 우즈 같은 세계 톱클래스의 운동선수는 분명 고액 소득자 즉 플로 리치인데, 세계 부자 순위에서는 상위에 랭크되는 일이 거의 없다. 이러한 순위에서 항상 상위에 랭크되는 대부분의 '부자'는 빌 게이츠나 워런 버핏 등 기업의 창설자나 투자가 즉 스톡 리치이다.

수입에는 '플로 수입'과 '스톡 수입'의 두 종류가 있다. 플로 수입이란 자신이 일하여 얻는 수입으로 '노동소득'이라고 불린다. 그리고 스톡 수입이란 부동산이나 회사를 자산(스톡)으로 소유하는 것으로 노동과 관계없이 그런 자산으로부터 들어오는 수입을 말한다. 예금 이자나 주식 배당금, 부동산 투자의 임대수입 등이 여기에 해당한다. 이는 '자본소득'이라고 불린다.

우리가 지금까지 학교에서 받아온 학문 교육과 직업 교육은 플로 수입을 높이기 위한 교육이다. 읽고 쓰기 능력을 신장하여 전문성을 높이고 특정 분야의 일에 프로가 되어 수입을 얻는 것을 지향하는 교육이다.

플로 수입은 일을 하면 확실히 수입을 얻을 수 있다. 마이너스가 되는 일은 없지만 자신이 일하지 않으면 수입이 끊어져 버린다. 만약 병이 나서 일을 할 수 없게 되거나 회사를 그만둔다면 사회 보장이 제공하는 급부는 차치하고, 그때까지의 수입은 사라져 버린다. 돈과 시간에 안정적이고 여유 있는 인생을 보내고 싶다면 수입원이 플로 수입만이라는 상황에서 벗어나야 한다.

더 나아가 자산운용을 하여 스톡 수입을 늘려가는 것은 플로 수입이 끊어졌을 때의 위험 분산뿐만 아니라 미래의 자유와 여유의

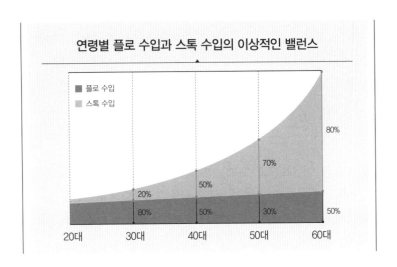

연령별 플로 수입과 스톡 수입의 이상적인 밸런스

플로 수입
스톡 수입

80%

70%

20%
50%

80%
50%
30%
50%

20대　30대　40대　50대　60대

가능성을 넓혀가는 행위이기도 하다. 우선 열심히 일해서 플로 수입을 높인다. 그 돈으로 스톡 수입을 만들어 낼 자산을 구매한다. 이 행위를 반복하면 눈덩이가 점점 커지는 상승효과로 수입 전체가 점점 커진다.

　지금 20대인 독자들은 어떻게든 집중하여 죽을 둥 살 둥 일하여 플로 수입을 높이기 위해 노력해야 한다. 그것이 미래, 커다란 스톡 수입을 얻기 위한 원천이 된다. 병행해서 미래 스톡 수입을 얻는데 필요한 지식을 습득하면 자금이 모임과 동시에 효율 높게 스톡 수입을 얻을 수 있게 된다.

　목표로 하고 싶은 이상적인 밸런스는 30대는 수입의 20%, 40대 50%, 50대 70%가 스톡 수입이 되는 것이다. 그리고 60대에 접어들 무렵 80%가 스톡 수입이 되어 그것으로 충분히 생활할 수 있는 규모까지 크게 부풀어 올라야 한다. 이 밸런스를 달성하면 나이가 들어 젊을 때처럼 열정적으로 일할 수 없어도 스톡 수입으로 심적으로 시간적으로 여유 있는 생활을 실현할 수 있다. 일찍부터 전략적으로 미래를 위해 안정적인 스톡 수입을 쌓아가는 도정을 마음에 그릴 것. 이것이 자산운용을 진정한 의미에서 내 편으로 만들기 위한 비법이다. 결코 눈앞의 연금술로 끝내서는 안 된다.

7

돈의 교양 6
유지관리

　　돈을 버는 능력과 돈을 유지하고 관리하는 능력은 전혀 다른 능력이다. 이 점을 정확하게 이해하지 않으면 우리는 연 수입만으로 '돈에 여유가 있다'고 판단해 버린다. 그리고 스스로 '수입만 늘면 모든 문제는 해결된다'라고 착각해 버린다. 그러나 아무리 돈 버는 능력을 향상했다고 해도 돈의 교양 자체를 높여 돈을 '계속 가지고 있는' 능력을 익히지 않으면 돈은 손에서 빠져나갈 뿐이다. 여기서 말하는 유지관리란 가계부 관리가 아닌 목돈이나 자산의 유지관리를 가리킨다.

　　특히 퇴직금이나 상속 등으로 한 번에 목돈이 손에 들어왔을 때 이 유지관리 능력이 있는 것과 없는 것과는 결과가 크게 달라진다. 퇴직금에 따라 수억 원이라는 지금까지 가져본 적 없는 금액을 자산으로 보유하는 것이 현실이 되었을 때 '조금이라도 늘려야만 한다'며 구조를 이해하지 못한 채 금융상품을 구매하거나 대담해져 '자산이 되니까'라며 부동산을 구매하는 사람도 적지 않다.

'상속相續은 쟁속爭續'이라는 말이 있는 것처럼 같은 피를 나눈 형제라도 목돈을 상속받게 되면 다투는 경우가 많다. 돈을 얻고 싶다는 욕구가 강해져 도구에 불과한 돈을 둘러싸고 서로 다투어 돈보다 소중한 같은 피를 나눈 사람들끼리의 신뢰관계를 파괴해 버린다. 이러한 사태를 피하기 위해서라도 유지관리를 위한 돈의 교양은 몹시 중요하다. 상속은 누구에게나 찾아온다. 때문에 피상속인인 자신이 먼저 대책을 세워 두어야 하며 상속인 측도 상속이 발생했을 때, 서로 다투지 않고 신뢰관계를 유지하는 형태로 균형 있게 나눌 수 있는 돈의 교양이 필요하다.

돈에 대한 사고방식, 모으는 법, 사용법, 버는 법, 불리는 법 등의 교양을 높여도 유지관리를 할 수 없으면 도로아미타불이다. 유지관리는 착실하고 장기적으로 자산을 쌓기 위해서 빼놓을 수 없는 중요한 돈의 교양이라고 할 수 있다.

빚을 갚는 방법에도
교양이 있다

우리는 '빚은 악'이나 '빌린 돈은 빨리 갚아야 한다'라는 생각이 무척 강하다. 그 때문에 내 집 마련을 할 때 빚을 내면 조금이라도 빨리 갚기 위해 기를 쓰는 사람을 흔히 볼 수 있다. 경제 평론가나 파이낸셜 플래너 등 소위 '돈의 전문가'라고 불리는 사람들은 빚을 빨리 갚으라고 더욱 몰아붙인다. 그들 다수가 "주택담보 대출은 빨리 상환하는 게 좋아요"라고 충고하기 때문에 우리는 예정보다 앞당겨 빚을 갚고자 한다. 물론 그것도 하나의 정론이다. 그러나 예정보다 앞당겨 빚을 갚기 전에 한 번 생각해 보기 바란다. 자산운용의 지식이나 기술이 있다면 굳이 예정보다 앞당겨 빚을 갚는 대신 대출 금리 이상의 운용 이율을 목표로 하는 것도 유지관리를 위한 돈의 교양 중 하나이다.

대출 금리 이상의 운용 이율이 나온다면 애초에 서둘러 변제할 필요도 없다. 오히려 빚으로 운용 자금을 조달했다고 생각할 수 있다. 최근에는 금리가 1%를 밑도는 주택 담보대출도 드물지 않다. 주택 융자 공제를 받아 얻을 수 있는 절세 효과가 예정보다 빠른 변제의 원리금 삭감 효과보다 큰 경우도 있다. 주택 융자를 예정보다 빨리 갚기 위해 노력했는데 갑자기 돈이 필요해져 곤란을 겪었다는 이야기도 자주 듣는다. 또한, 주택 융자를 예정보다 빨리 갚고 자동차를 할부로 사는 사람이 적지 않다. 자동차 할부는 주택담보 대출보다도 일반적으로 금리가 높다. 여러 곳에서 빚을 냈다면 금리가 높은 것부터 변제해 가는 것이 철칙이다. 주택담보 대출을 예정보다 앞당겨 변제했지만 다시 그것보다 금리가 높은 빚을 내는 것은 본말전도이다. 빚을 변제하는 것의 장점과 일부러 변제하지 않고 두는 것의 장점을 냉정히 비교할 수 있는 것도 돈을 유지관리하는데 빼놓을 수 없는 능력이다.

기한 이익에
눈을 돌린다

'기한 이익'이라는 말을 아는가? 빚은 보통 변제 기한이 설정되어 있다. 다시 말하면 채무자는 이 기한이 도달하기 전까지는 변제할 의무가 없고, 변제를 요구당하지도 않는다. 이것을 채무자에게 '이익'이라고 보는 것이 '기한 이익'이라는 사고방식이다.

변제 기간이 20년인 빚을 냈다고 하면 당연히 20년에 걸쳐 변제해야만 한다. 이것과 동시에 '20년간 매월 정해진 금액을 갚는다면 남은 금액은 그대로 빌려줄게요'라고 금융기관이 유예를 주는 것이기도 하다.

만약 당신이 주택담보 대출을 받았다면 서랍에서 대출 계약서(금전소비대차계약서)를 꺼내, 뒷면에 작은 글씨로 잔뜩 쓰어 있는 조문을 처음부터 끝까지 읽어 보기 바란다. 채무자가 채권자에게 불리한 일을 했을 경우에는 '기한 이익'을 잃는다는 '기한 이익 상실 조항'이 기재되어 있을 것이다. 이것은 주택담보 대출을 받은 순간,

당신은 '기한 이익'이라는 눈에 보이지 않는 이익을 얻었다는 명백한 증거이다.

주택담보 대출은 세상의 여러 빚 중에서 금리가 가장 낮다. 주택담보 대출을 받은 것은 다른 각도에서 보면 가장 저금리로 수억 원이라는 목돈을 '조달'한 것이라고 할 수 있다. 빚을 싸잡아 나쁘다고 할 수는 없다. '기한 이익'에도 눈을 돌려, 현명하게 이용하여 돈의 유지관리에 활용하는 것도 중요한 돈의 교양이다.

8

돈의 교양 7
사회환원

우리는 구미와 비교해서 기부나 자선 사업에 대해 생각할 기회가 많지 않다. 여기에는 미국 등과 같이 소득공제의 대상이 되는 기부처가 적다는 세제의 문제도 있을지 모른다. 경제적으로 어렵지 않은 나라에서 태어나 자란 우리는 평범한 생활을 하는 것만으로 세계 중에 상대적으로 사치스러운 생활을 하고 있다고 할 수 있다. 생각하는 것만큼 저축하지 못한다고 해도 1만 원, 2만 원을 기부할 여유가 없을 정도로 궁핍한 사람은 적을 것이다.

돈을 잔뜩 쌓아놓고 혼자만을 위해 소비한다면 그 만족감은 한정적이다. 많은 돈을 갖고 있다는 것은 안심감과 물건이나 서비스로 교환하여 즐거움을 얻을 수 있다. 그러나 단지 그뿐이다. 여기서 일곱 번째 돈의 교양으로 습득하고 싶은 것이 '사회환원'이다.

최근에는 기부나 자선사업에 더해 여러 가지 사회환원 방법이 있다. 공정 거래 등 소비자 관점에서 사회환원을 해 가는 방법도 있고, SRI(사회적 책임 투자) 펀드에 투자하거나 주주 우대 상품의 선택지로써 기부를 선택하는 등 투자가로서 사회환원하는 방법도 있다. 크라우드 펀딩[23]을 이용하여 사람이나 기업을 지원할 수도 있고 사회적기업이라는 방법으로 자신이 수입을 얻는 것과 사회환원을 양립시킬 수도 있다. '사회환원'이라는 말에 주눅 들지 말고 자유로운 발상으로 자신이 할 수 있는 일은 없는지 생각해 보자.

'물고기 잡는 방법을 가르친다'고
하는 사회 환원

사회환원 방법은 특별히 돈이나 물자를 제공하는 것에 한정된 이야기가 아니다. 자원봉사처럼 노동력만을 제공하는 것도 아니다. 왜냐하면 당신의 자산은 돈과 노동력만 있는 것이 아니기 때문이다. 만약 당신이 사람의 마음을 움직일 수 있는 스피치를 잘하고, 어떻게 하면 그런 스피치를 할 수 있는지를 사람들에게 가르친다면 매월 1만 원을 어딘가에 기부하는 것보다도 매월 친구나 지인에게 그 방법을 가르쳐 주는 편이 가치가 커질 가능성이 있다. 당신의 지도로 친구 다섯 명의 스피치 기술이 좋아졌다고 하자. 그 다섯 명이

---

23   온라인 플랫폼 등을 통해서 불특정 다수 대중에게 자금을 모으는 방식.

더욱 많은 사람에게 스피치 방법을 전하면 세상에는 스피치를 잘하는 사람이 점점 늘어간다. 당신이 만들어낸 가치가 가속도가 붙어 세상에 늘어가는 것이다.

잘 살펴보면 이러한 '무형자산'이 잠들어 있다. 2016년 4월에 일어난 구마모토熊本 지진에서 음식 제공이나 쓰레기 운반, 구원 물자 분류를 하는 자원봉사와 함께 50명 정도의 등산 애호가가 생명줄을 달고 재해를 입은 주택의 지붕에 올라가 방수 대책으로 블루 시트를 덮었다. 이렇게 취미로 배운 기술을 주위 사람에게 가르쳐 두면 앞으로 재해가 일어날 경우 간접적으로 몇십, 몇백 명의 사람을 구할 수 있을지도 모른다는 것이다. 이것은 기술에 한정되지 않는다. 바른 생각이나 견해를 전파하거나 도움이 되는 정보를 알려주는 것도 좋다. 당신이 발산한 '좋은 일'이 세상에 퍼져 가면 그것은 훌륭한 사회환원이 된다.

새롭게 자신의 장점을 되돌아보고 자신이 가지고 있는 '무형자산'의 재고조사를 해 보자. 기부나 자원봉사는 당신의 돈이나 노동력, 즉 '물고기'를 직접 제공하는 것이지만 당신이 지금까지 인생에서 터득한 기술이나 경험을 사회에 환원해 가는 것은 말하자면 '물고기 잡는 법'을 사회에 가르치는 것이다.

유익한 정보나 경험, 스킬을 주위에 아낌없이 전파해 가면 그것은 돌고 돌아 세상을 좋게 만든다. 그리고 주면 줄수록 자신은 인간으로서 그릇이 큰 사람이 된다. 주위에도 아낌없이 주려고 하는

'비슷한 친구'가 모여든다. 이렇게 해서 결과적으로 인생의 충족감
을 더해가는 것이다.

'자유'
그리고 '여유' 란?

돈의 교양을 습득하는 것의 마지막 결승점은 경제적으로도 심리적
으로도 자유롭고 여유 있는 인생을 실현하는 것이다. 여기서 말하
는 자유란 '스스로 방향을 정하고 그곳을 향해 걸어갈 수 있는 상
태'를 가리킨다. 하고 싶은 것을 스스로 정해, 돈이나 시간 같은 것
에 제약을 받지 않으며 그 선택지를 실현해 갈 수 있는 상태야말로
자유로운 상태라고 할 수 있다.

한편 여유란 무엇인가? 이것은 다시 말하면 '스스로가 경제적·심
리적으로 혜택을 누리고, 그 혜택을 사회에 환원할 수 있는 상태'라
고 할 수 있을 것이다.

자신이 경제적으로 풍부해졌다고 해도 주위 사람들이나 사회에
대해 아무것도 환원하지 않는다면, 그 사람은 아마도 경제적인 여
유를 실감하지 못하고 심리적으로 어딘가가 부족함을 느낄 것이다.
지금까지 익힌 자신의 기술이나 경험을 주위 사람들이나 사회에 제
공한다. 그것이 주위 사람들이나 사회에서 활용된다.

이러한 사회환원은 사회가 자신을 필요로 한다는 것이기도 하다. 그리고 이 '필요로 한다'는 것이야말로 인생에서 더할 나위 없이 소중한 진정한 '여유'를 만들어 내는 것이다.

제5장

돈의 교양에도
STAGE가
있다

당신의 사고방식이나

행동의 문제가 어디에 있는지,

어떻게 바꾸면 한 단계 높은 STAGE로

올라갈 수 있는지를

산의 정상에서는 아래가 전부 보이는 것처럼

STAGE가 높은 사람은

모든 것을 꿰뚫어 볼 수 있다.

1
돈의 교양 STAGE란 무엇인가?

내가 '돈'과 '사람의 사고나 행동'과의 관계에 흥미를 갖게 된 지 20여 년. 그리고 금융 경제 교육에 종사한 지 15년. 이 긴 세월 동안 이 테마는 본래 금방 질리는 성격인 나를 한 번도 질리지 않게 했을 뿐만 아니라 탐구심을 계속 자극해 왔다.

내가 이러한 흥미가 있는 이유는 주위에서 느끼는 몇 가지 '위화감'에 있다. 돈을 취급하면서 정답이 상황에 따라 다르다고 느끼거나, 같은 행동이라도 사람에 따라 그 행동을 정답이라고 느끼기도 하고 그렇지 않다고 느끼기도 하는 이러한 위화감이 내 탐구심을 되살아나게 했다. 오랜 시간에 걸쳐 가설과 분석을 반복한 결과, 이 책의 타이틀인 '돈의 교양 STAGE'를 비롯한 'STAGE'라는 개념 프레임워크가 탄생한 것이다.

위화감이란 예를 들면 이런 것이다. 생활용품의 대부분을 100

엔 숍에서 조달하는 주부가 텔레비전 와이드쇼에서 유명 연예인이 100엔 숍에서 쇼핑을 한다는 보도를 보고는 "저 연예인은 구두쇠야"라고 말한다. 자신과 같은 행동을 했음에도 말이다.

이 모순을 밝히는 것이 돈의 교양 STAGE이다. 100엔 숍에서 쇼핑을 하는 소비 행동 그 자체는 자신과 같다. 그런데도 자기 일은 문제 삼지 않고 '구두쇠', '인색하다'라고 야유한다. 다른 점은 서로의 경제 상황이다. 그 주부가 관리하는 생활비는 월 80만 원이라고 한다면, 그 안에서 생활을 꾸려나가기 위해 100엔 숍에서 쇼핑을 하는 것은 바른 소비 행동이다. 한편 연 수입이 10억 원인 연예인이 100엔 숍에 가면 충분한 돈이 있음에도 100엔 숍에 가는 것은 옳지 않은 소비 행위라고 사람들은 생각한다. 그 행동 자체를 비난할 이유 따위는 어디에도 없는데 말이다.

왜 같은 행동을 하는데도 이렇게 받아들이는 것이 틀리거나 위화감이 발생하는 것일까? 그것은 우리의 잠재의식 가운데 '사람은 경제 상황에 맞게 돈을 써야 한다'라는 생각이 있기 때문이다. 월 80만 원의 생활비를 가지고 생활을 꾸려나가기 위해서는 100엔 숍이 적절하다고 여기고, 연 수입이 10억 원이라면 더 비싼 소비를 하는 것이 당연하다고 여기는 것이다.

이것과는 반대의 상황도 있다. 일류 프로 스포츠 선수가 포르쉐를 타는 것에 대해서는 그다지 위화감이 없다. 그러나 이제 갓 입사한 20대의 젊은이가 포르쉐를 탄다면 어떨까? 스포츠 선수가 포르쉐를 타고 있는 모습을 보면 우리는 이렇게 생각한다. '보통이 아닌 노력을 하여 지금의 위치를 획득했으니, 포르쉐를 타는 것이 당연해'라고. 한편, 20대의 젊은이에 대해서는 이렇게 생각한다. '아직 벌이도 적을 텐데, 포르쉐를 타다니 너무 이른 거 아니야'라고.

이 경우도 '포르쉐를 샀다'라는 소비 행위 자체는 같다. 다른 점은 두 사람의 경제 상황이다. 일류, 즉 연봉이 높은 스포츠 선수가 포르쉐를 사는 것은 올바른 소비 행위라고 많은 사람이 생각한다. 그러나 수입이 적은 젊은이가 일류 스포츠 선수와 같은 소비 행위를 하면 금전 감각에 문제가 있는 것처럼 비춰지는 것이다. 이러한 차이나 위화감이 돈의 교양 STAGE 사고의 원점이다.

STAGE에 따라
세상이 다르게 보인다

지구상에는 인간을 비롯한 포유류, 양서류, 파충류, 어류 등 각종 생물이 살고 있다. 어떤 연구에 의하면 같은 세계에 살아도 인간과 동물, 작은 생물의 시야에 들어오는 것은 크게 다른 듯하다.

얼룩말 등 초식동물은 눈이 머리의 좌우 측면에 있기 때문에 파노라마 사진 같은 풍경 속에서 살고 있다. 개나 고양이가 본 세계는 전체적으로 푸르스름한 녹색으로 구성되어 있다. 뱀은 눈으로도 열을 감지할 수 있기 때문에 어두컴컴한 밤에도 데모그래피[24]처럼 경치가 보인다.

몸에 많은 렌즈가 달린 곤충은 자외선 렌즈를 통해서 보는 것처럼 세상이 보인다고 한다. 예를 들어 배추흰나비는 암컷보다 수컷이 강한 자외선을 반사한다. 따라서 우리 눈에는 수컷도 암컷도 똑같이 보이지만, 배추흰나비의 시야에서 보면, 수컷은 검게 암컷은 더욱 하얗게 보인다는 것이다. 그렇다면 인간들은 모두 같은 포유류에 속하는 동물이므로, 보이는 세계가 모두 같을까?

대답은 '아니다' 이다.

당신 주위에 이런 사람은 없는가?

월요일 아침, 일어나자마자 '주말이 끝나 버렸네. 또 오늘부터 일주일 동안 일하러 가야만 해. 정말 싫어'라며 우울한 기분이 된다. 잠자리에서 일어난 부스스한 머리로 일단 텔레비전을 켠다. 흘러나오는 것은 탤런트 ○○씨가 50억 원의 호화 저택을 건설 중이라는 것, ○○에서 살인 사건이 일어난 원인은 아무래도 보험금 때문이라는 것 등의 소식을 전하는 와이드 쇼. 그것을 멍하니 보면서 어젯밤에 먹다 남은 과자를 아침밥 대신 먹는다. 아무 생각 없이 텔레비전을 보다가 문득 시계를 보니 집을 나서야만 하는 시각이다. 급히 옷을 입고 역으로. "위험했어, 이 전철을 놓쳤다면 지각했을 거야".

---

24   몸 표면의 온도를 측정하여 이를 화면으로 나타내어 진단에 사용하는 방법.

회사까지 전철로 45분. 전철 안에서는 늘 그렇듯 스마트폰 인터넷 서핑. 그렇지만 오늘 아침은 그다지 재미있는 내용이 없다. 인터넷을 전부 훑어보았기 때문에 이번에는 애플리케이션을 열어 게임에 열중한다. 회사 근처 역에 도착하니 고등학생이 모금 활동을 하고 있다. 그 앞을 지나쳐 회사를 향해 서두른다. 겨우 지각은 면했다.

11시가 지나자 갑자기 배가 고파왔다. 생각해 보니 아침이 일어나서 과자 부스러기밖에 먹지 않았다. 동료를 재촉하여 이른 점심을 먹기 위해 나섰다. 동료는 잡일만 시키는 과장이 몹시 싫은 모양이었다. 동감이다. 잡일뿐만 아니라 더 책임 있는 일을 맡겨주면 좋을 텐데… 라며 둘이서 한 시간 동안 이야기에 열을 올린다.

식당을 나와 회사로 돌아오는 도중 복권 판매소의 커다란 깃발이 눈에 들어왔다. '오늘 대길일', '복권 명당, 여기서 1등 30억 원이 나왔습니다!' 복권이 당첨된다면 매일 일어나 회사에 가지 않아도 좋고, 과장에게 휘둘릴 필요도 없다. 왠지 복권에 당첨될 것 같은 예감이 들어 충동적으로 10장을 구매했다. 회사로 돌아와 책상 서랍에 넣는다.

퇴근 후 대학 시절 아르바이트하다가 알게 된 친구와 술집에 간다. 서로 일에 대한 불평을 늘어놓으며 의기투합. 그대로 노래방에 가서 분위기는 최고조. 정신을 차려보니 막차 시간. 급히 역까지 달려가는 도중 생각이 났다. "앗, 스마트폰이 없어". 그러고 보니 아까

노래방에 두고 왔다. 노래방에서 무사히 스마트폰은 찾았지만 막차를 놓쳤다. 내일도 출근해야 하니 택시를 타고 집으로. 현금이 없어 신용 카드로 결제. 그러고 보니 이 신용카드 조금씩 쓰고 있기는 한데 매월 얼마 정도 쓰고 있는지 제대로 명세표를 본 적이 없다.

결국 집에 돌아온 시각은 새벽 1시 반. 택시 안에서 정신을 잃을 정도로 깊이 잔 탓인지, 잠이 오지 않는다. 심야 방송이라도 볼까. 양치하는 것도 샤워하는 것도 귀찮다. 내일 아침에 일어나서 해야지.

그리고 또 한 사람을 소개하겠다. 월요일 아침. 알람 대신 맞춰 놓은 FM라디오 DJ의 목소리에 잠에서 깼다. 일어나자마자 스트레칭. 몸도 정신도 상쾌하게 깨어난 느낌이 들어 이래저래 5년 정도 계속하고 있다. 점심과 저녁은 기본적으로 외식을 하기 때문에 아침은 채소와 과일을 먹기로 정해 놓았다. 갓 볶은 커피콩으로 내린 커피를 한 손에 들고 경제 신문에서 사회·경제의 움직임을 살핀다.

샤워한 후는 출근 준비를 하면서 예약 녹화해 놓은 경제 정보 방송을 1.5배 속으로 재생. CF 커트 기능을 사용하고 있기 때문에 단시간에 효율 높은 정보를 볼 수 있다.

아침 러시아워를 피하기 위해 1시간 빨리 전철을 탄다. 비어 있는 차량 칸을 알고 있기 때문에 언제나 타는 차량은 정해져 있다. 전철 안에서 한 차례 승객과 전철 안 광고를 체크. 매력적인 디자인이나 마음에 남는 캐치 카피가 있으면 메모를 한다. 광고부문의 일을 하는 것은 아니지만 기획서를 작성할 때 도움이 될지도 모른다. 그 일이 끝나면 전자책으로 독서. 그 날의 기분에 따라 소설이나 비즈니스 관련 책, 사진집 등 좋아하는 서적을 고른다.

회사는 언제나 1등이나 2등으로 출근. 전화나 메일도 오지 않는 조용한 아침 시간대에 창조적인 일에 집중한다. 점심은 혼자 먹거나 서로 자극을 주고받을 수 있는 동료와 함께. 회사 근처에 있는 잘 알려지지 않은 호텔의 라운지. 점심시간이지만 줄 서지 않고 여유로운 분위기가 마음에 든다.

퇴근 후 개인 시간은 요일마다 다르다. 식사 약속이나 학원 등 예정이 없는 날은 낮 시간보다 조용한 회사에서 창조적인 일을 하거나 생각하는 시간을 갖는다. 식사할 가게를 고를 때는 가끔 무리해 본다. 선술집이나 패밀리 레스토랑에는 없는 정통의 맛을 고집하는 맛집이나 질 좋은 서비스를 하는 가게에 가는 것이 자신에게 있어서도 좋은 자극이 될 것 같다.

집에 온 후는 날씨가 몹시 나쁘지 않은 한 가볍게 근처를 러닝. 달리면 그날 있었던 일을 머릿속으로 정리할 수 있을 것 같다. 기분 좋은 피곤함으로 깊이 잠든다.

같은 사람이라도 이 두 사람이 보고 있는 세계는 전혀 다르다. 물론 색이나 형태의 이야기가 아니다. 자신의 사고라는 필터를 통하면 '보이는 것'이 전혀 다르다. 이것을 나는 STAGE가 다르다고 정의하고 있다. 같은 직장에서 같은 공기를 마시며 일하고 있다 해도 사람에 따라 보이는 세상이 전혀 다르다.

　세계의 어디를 클로즈업시켜 보고 있느냐도 사람에 따라 전혀 다르다. 외식 대부분이 패밀리 레스토랑인 사람에게 있어서 빕스나 애슐리, 아웃백, 세븐스프링스 등의 메뉴와 가격, 음료 서비스, 무엇을 꼽든 그 차이는 상당히 크게 느껴질 것이다. 그러나 테이블이 몇 자리밖에 없고 일 인당 수십만 원이나 하는 초밥집은 어느 곳이든 '고급 초밥집'이라고 통틀어 묶는다.

　한편 외식이라면 일 인당 수십만 원하는 것이 당연한 세계의 사람에게는 패밀리 레스토랑은 모두 비슷비슷하게 보일 것이다. 그러나 초밥집은 밥의 양, 단단함, 재료, 만드는 속도까지 가게에 따라 분명한 차이를 느낄 수 있을 것이다. 이렇듯 자신이 보는 세계만이 돋보기로 보는 듯이 클로즈업되어 보인다.

　우리는 누구나 자신의 사고라는 필터를 통해서 세상을 보고 있다. 그리고 그 보이는 것이 다음 행동을 부르고 결과를 낳아 간다. 같은 '경마장에 있는 사람'이라도 말 주인과 VIP룸에서 우아하게 식사를 하면서 마권을 사는 사람과 한 손에 캔맥주를 들고 경마 신문을 보는 사람과는 보이는 경치가 전혀 다를 것이다. 자신이 사는 세계는 자신의 사상과 행동 그리고 그 축척에 따른 STAGE에 의해 만들어진다. 세계에 어떤 필터를 끼우느냐는 자신에게 달렸다.

경험이 없으면
위화감도 생기지 않는다

이러한 자신이 보는 세계와 상대가 보는 세계를 단계로 표시하여 '가시화'하려는 것이 돈의 교양 STAGE이다. 돈의 교양 STAGE는 돈의 교양의 7가지 요소에 독립하여 존재한다. 그리고 그 단계는 STAGE 1에서 STAGE 5까지의 5단계로 나뉘어 있다.

따라서 같은 사람이라도 '모으는 법'과 '사용법'은 STAGE 3이지만 '생각'과 '불리는 법'은 STAGE 2, '사회환원'은 전혀 되고 있지 않으므로 STAGE 1이라는 일이 발생한다.

이처럼 돈의 교양 7가지 요소를 STAGE라는 5단계로 나눠서 세로축으로 나타내면, 돈의 교양 중 어느 요소가 높고 어느 요소가 낮은가, 자신이 전체 중에서 어느 위치에 있는가를 가시화할 수 있다.

나는 이 돈의 교양 STAGE라는 개념 플레임워크를 완성한 후 돈과 사람의 사고나 행동의 관계를 모두 명쾌하게 해명할 수 있게 되었다. 같은 세계에 살고 있어도 STAGE에 따라 보이는 세계는 다름에도 우리는 '같은 것이 보일 것'이라는 선입관에 따라, 누군가를 평가하거나 의견을 말하거나 어드바이스를 구하거나 한다.

이것이 내가 느낀 많은 어긋남이나 위화감을 세상이 만들어내고 있는 것이다. 나쁜 아니라 많은 사람이 일상적으로 이러한 어긋남

이나 위화감을 느끼고 있을 터인데, 왜 지금까지 세상에 이러한 개
념 프레임워크가 없었는지 신기할 정도다.

상대의
돈의 교양 STAGE를 의식한다

가령 지금 수중에 1억 원의 돈이 있다고 하자. 이것을 어떻게 불리
면 좋을까? 어떻게 하면 미래를 위해 비축하거나 늘릴 수 있을까?
누군가에게 도움을 구한다면 누구에게 물을 것인가?

　많은 경우 이미 자산운용을 시작한 회사 동료에게 잡담하면서 묻
거나 은행이나 증권회사 직원에게 묻거나, 파이낸셜 플래너 자격을
가진 보험 세일즈맨에게 묻지 않을까?

　과연 이것은 바른 행동인가?

　시험 삼아 이것을 자신의 몸으로 바꿔서 생각해 보자.

　며칠 전부터 오른쪽 가슴 안쪽이 욱신욱신 쑤신다. 내일이면 낫
겠지 기대하면서 잠자리에 든다. 그러나 다음날이 되어도 고통은
진정되지 않는다. 이 고통에서 해방되고 싶다고 생각했을 때 당연
히 '병원에 가야 한다'고 판단을 내릴 것이다. 그러나 여기서 치과에
가는 사람은 없다. 안과에 가는 사람도 없다. 외과에 가는 사람도
없다. 대부분 사람들은 내과나 호흡기과 등의 진찰을 받고 의견을

구할 것이다. 가족이나 친구에게 묻는 경우도 있겠지만 이 경우에도 정확한 정보는 어디까지나 의사가 가지고 있다는 것은 누구나 알고 있다. 더 나아가 의사 중에서도 개인 병원 의사도 있을 것이고 종합 병원의 전문의도 있을 것이다. 만약 가벼운 병이 아니라면 되도록 실적이 있는 전문의에게 진찰을 받고자 할 것이다.

스포츠로 비유해도 알기 쉽다. 만약 당신에게 아들이 있는데 '메이저리그에서 활약하는 야구선수가 되고 싶다'고 말했다고 하자. 부모는 어떻게 해서든지 그 소망을 이루어주고 싶을 것이다. 그때 다음의 4명 중에서 누구에게 어드바이스를 구하면 좋을까?

첫 번째는 메이저리그에서 활약하는 이치로 선수. 메이저리그에서 인정받는 프로야구선수이다. 두 번째는 같은 이름이지만 뉴스 캐스터인 후루타치 이치로古舘伊知郎. 오랫동안 보도 방송의 캐스터를 했기 때문에 야구에 대해서도 잘 안다. 세 번째는 프로 선수들에게 야구용품을 파는 야구용품점 주인이다. 야구용품에 관해서는 일본에서 톱10에 들어갈 정도의 지식이 있다. 네 번째는 텔레비전 앞에서 술을 마시며 '너 말이지, 지금 껀 볼이잖아!'라고 큰소리치고 있는 순수한 프로야구 팬이다.

아마도 상황이 허락한다면 누구나 이치로 선수에게 어드바이스를 받고 싶을 것이다. 그럼 다시 돈 이야기로 돌아가자.

1억 원을 불리고 싶다고 생각하는 사람이 금융기관에 가서 상담을 한다. 이것은 야구용품점의 점원이나 점장에게 어드바이스를 구하는 것과 다르지 않다. 야구용품점에서는 배트나 글러브 등의 야구용품을 팔고 금융기관에서는 투자 신탁이나 주식 등의 금융상품을 판다. 차이는 그뿐이다. 일반적으로 '금융의 프로'라고 여겨지는 사람들의 대부분은 금융상품 판매숍에서 일하는 직장인들이다.

정말로 그 사람들에게 자산운용 상담을 해도 좋을까? 정말로 그 사람들에게 어드바이스를 받고 싶은가? 더 나아가 그 어드바이스는 옳은가?

나라면, 야구라면 이치로 선수에게, 자산운용이라면 세계에서도 가장 실적이 좋은 워런 버핏에게 물으러 가고 싶다(실제 가능한지 어떤지는 차치하고).

신문이나 잡지 등에서 논평을 하는 경제 평론가의 의견을 참고하고 싶다고 말하는 사람도 많을 것이다. 그러나 경제나 마켓의 움직임을 예측하는 일을 하는 경제 평론가는 야구에서 말하면 후루타 씨와 마찬가지다. 지식이 있기에 발언에도 설득력이 있지만, 그들의 직업은 '직장인'이나 '자영업'으로 노동에 의해 수입을 얻고 있다. 내 주위에도 경제 평론가가 여러 명 있지만 실제로 자산운용으로 성과를 내는 사람은 희소할 뿐 아니라 자산운용으로 안정적인 이익을 낼 수 있다면 그 편이 보다 효율적일 터이므로 애초에 평론가라는 직업을 가질 필요가 없다고도 할 수 있다. 그들이 나쁘다는 것이 아니다. 그런 시점으로 객관적으로 보고 누구에게 어드바이스를 구하는 것이 옳은지를 가려낼 필요가 있다는 말이다.

즉, 여기서도 '돈'이 본질을 나타낸다. 수입원을 보면 무슨 프로인가가 명확하다. 이치로 선수는 야구 그 자체로 돈을 벌고 있기 때문에 프로야구 선수이다. 후루타치 씨는 평론에 의해 돈을 벌고 있으므로 캐스터로서 프로이다. 그리고 야구용품점 주인은 판매에 의해 돈을 벌고 있으므로 세일즈의 프로이다. 순수한 프로야구 팬은 야구에서 얻는 수입이 없기 때문에 프로가 아니다. 이처럼 '돈'이라는 도구를 사용하는 것으로 본질을 나타낼 수 있다.

또한 '돈'은 질까지도 나타낸다. 연봉 3,000만 원의 프로야구 선수와 30억 원의 프로야구 선수라면 같은 프로야구 선수라도 명백하게 30억 원의 선수가 질이 높다는 것을 알 수 있다. 연 수입 3,000만 원의 평론가와 3억 원의 평론가가 있다면, 3억 원의 평론가가 질이 높다는 것을 알 수 있다. 이처럼 프로의 질까지 나타내 버리는 것이 '돈'이라는 도구이다.

'돈의 프로'나 '금융의 프로'라고 불리는 사람들이라도 금융상품에서 보험상품, 부동산, 라이프 플랜, 상속, 세금 등의 전문 분야는 가지각색이다. 그 안에는 선수도 있고, 평론가도 있고, 판매의 프로도 있다. 따라서 전문 분야가 아닌 곳에서 틀리는 것은 당연하다고 할 수 있다.

잘못된 상대에게 상담한 결과, 일이 잘 안 되었다고 해도 그것은 상대가 나쁜 것이 아니다. 그 분야에 있어서 상대의 STAGE나 상대가 무엇에 대한 프로인가를 제대로 파악하지 못한 자신이 나쁜 것이다. 이 '자기 책임'으로 생각하는 습관은 자신의 그릇을 크게 만들어 갈 것이다.

STAGE의 사고를 사용하면 상대의 레벨도 파악할 수 있다. 신뢰가 낮은 STAGE 1부터 아마추어 레벨의 STAGE 2, 말·행동 뿐인 STAGE 3, 거기서 어느 정도 결과까지 일치하는 STAGE 4, 말·행동과 결과까지 완전히 일치하는 STAGE 5까지. 이렇게 상대의 STAGE를 의식하면 잘못된 어드바이스를 받는 일도 피할 수 있을 것이다.

돈의 교양 STAGE라는 개념 프레임워크를 사용하여 자기 자신을 다시 돌아보고, 다른 사람을 객관적으로 보게 되면, '어느 정보를 따르면 좋을까'라는 자신의 판단이 연마됨과 동시에 사물의 본질을 파악할 수 있게 되는 것이다.

돈의 교양 STAGE에서는 돈의 교양을 STAGE 1에서 STAGE 5까지의 5단계로 나눠 각각을 STAGE 1 '생활불안정형', STAGE 2 '환경의존형', STAGE 3 '건실관리형', STAGE 4 '자기완성형', STAGE 5 '장기안정형'이라고 정의한다. 그 전체상을 정리한 것이 다음의 표이다.

돈의 교양 STAGE 개념 전체상 ▶

돈의 교양 STAGE 전체상

STAGE	타입	7가지 돈의 교양		
		1 사고방식	2 모으는 법	3 사용법
STAGE 1	생활불안정형	돈에 대해 치우친 생각을 가지고 있다	돈이 모이지 않는다	빚을 지지 않으면 생활이 되지 않는다
STAGE 2	환경의존형	미래에 대한 불안이 있지만 해답이 보이지 않는다	저축을 한다	매월, 뭐에 썼는지 지출이 많다
STAGE 3	건실관리형	미래의 불안을 해결하기 위해 날마다 행동하고 있다	적금을 드는 등 저축하는 습관이 있다	지출을 컨트롤할 수 있다
STAGE 4	자기완성형	경험과 실패로부터 성장하는 사고를 가지고 있다	연령의 2승만큼의 저축액이 있다 (예:40세 X 40 = 1억 6,000 만 원)	매월, 일정액을 자기투자에 사용하고 있다
STAGE 5	장기안정형	사물의 본질을 파악하는 능력을 가지고 있다	생애 필요한 금액만큼 저축액이 있다	사람의 성장이나 문화의 계승 등에 돈을 사용하고 있다

7가지 돈의 교양			
4 버는 법	**5** 불리는 법	**6** 유지관리	**7** 사회환원
당장의 생활을 위해 일하고 있다	운 좋게 돈이 많아지기를 날마다 바라고 있다	돈의 대차나 사기로 트러블이 생긴 적이 있다	받은 적은 있어도 준 적은 없다
안정된 수입이 있다	저금리에 불만은 있지만 저축밖에 하는 것이 없다	저축 총액을 파악하고 있다	가족이나 친구에게 도움을 줄 수 있다
수년 후에도 수입이 늘어나도록 일을 하고 있다	투자 신탁, 개인 연금 등 수동적인 운용 뿐이다	가지고 있는 자산(집, 차, 보험 등)의 시가를 알고 있다	모금이나 자원봉사에 참가한 적이 있다
시간이 아니라 성과에 연동한 수입 구조이다	자신 있는 분야에 투자하여 성과를 내고 있다	5년 이상, 순자산이 줄지 않았다	돈이나 지식, 경험을 계속적으로 제공하고 있다
적은 시간으로 많은 수입을 얻는 구조를 가지고 있다	재현성再現性 있는 운용방식으로 운용 수입이 지출을 넘는다	노동 수입이 없어도 생활할 수 있을 정도의 자산, 수입을 가지고 있다	자신이 가지고 있는 것을 사회에 환원하는 구조가 만들어져 있다

돈의 교양
STAGE의 '5 단계'

　　자신이 어느 STAGE에 해당할지는 사고, 지식, 판단, 행동, 결과라는 5가지 시점에서 결정된다. 그 STAGE에 합당한 사고를 하고 있는가, 지식을 가지고 있느냐 뿐만 아니라 STAGE의 사고나 지식에 근거하여 바른 판단을 내리고 행동에 옮기니 결과가 나왔는가라는 포괄적인 시점에서 체크를 하여 더욱 정교하고 치밀하게 자신이나 상대의 STAGE가 어디인지를 알아야 한다.

　　그럼 각각의 STAGE에 대해서 하나씩 설명해 가겠다.

STAGE 1 　생활불안정형

'돈이 모이지 않는다'라는 고민을 하고 있고, 빚을 지지 않으면 생활이 되지 않는다. 당장 생활을 위해 일하고는 있지만 월말이 되면 언제나 돈이 부족하다. 운 좋게 돈이 많아지지 않을까 하고 복권을 사보지만 그렇게 쉽게 당첨되지 않는다 - 돈을 잘 다루지 못하여 생활 전반에 돈에 대한 고민을 가지고 있는 것이 STAGE 1이다.

왠지 돈에 대해 부정적인 생각을 가지고 있는 사람이 많은 것도 STAGE 1의 특징이다. '돈밖에 믿을 것이 없다', '돈을 많이 가지고 있으면 인간성이 비뚤어지므로 갖지 않는 편이 좋다', '부자는 나쁜 녀석들뿐' 등 자신의 경험이나 비뚤어짐, 질투라는 감정에 의해 돈 자체를 부정적으로 보고 있기 때문에, 악순환에서 좀처럼 빠져나오지 못한다.

이 STAGE에 있는 사람이 무엇보다 우선하여 높여야 하는 것은 돈의 관리능력이다. 부끄럽지만 이전의 내가 이랬는데, 돈의 관리능력이 없으면, 돈도 모이지 않고 수입보다 많은 돈을 써버린다. 그 결과, 빚의 변제에 쫓겨 언제까지나 돈의 악순환이 계속되는 것이다. 이 STAGE에 있는 사람이 투자를 하면 투자가 아니라 투기(도박)가 되는 경우가 많다. 가령 자산이 늘었다고 해도 관리 능력이 없는 상태라면 결과적으로 더욱 커다란 부채를 지게 된다. 따라서 자산운용은 해서는 안 된다.

불필요한 지출을 자제한다. 매월 일정액을 저축한다. 정산한 후 쇼핑을 한다. 쉽게 빚을 내지 않는다. 우선 돈의 생활습관을 점검하여 가계를 건전하게 만드는 것이 우선이다.

당장 생활에 대해서 큰 불안 없이 살 수 있다. 수입도 안정적이다. 다만 저축은 조금 늘고는 있지만 미래에 대한 막연한 불안을 떨치지 못하고 있다 - 이러한 상태에 있는 것이 STAGE 2다. 우리 대부분은 아마도 이 STAGE일 것이다.

저축도 하고, 안정적인 생활을 하고 있음에도 불구하고 미래의 불안을 지울 수 없는 것은 왜일까? 그것은 지금 있는 상황이 자기 자신이 쌓아 올린 것이 아니라 주위의 환경에 의해 주어진 것이기 때문이다. 때문에 사회·경제 정세가 바뀌면 자신의 생활이 완전히 바뀌는 것이 아닐까 하는 불안을 마음 어딘가에 계속 가지고 있다.

최근에는 소득 격차가 사회문제로 언급되는 경우가 많은데, 세계적으로 보면 일본은 아직 1억 총 중류 사회[25]라고도 할 수 있다. 학교를 졸업하고 기업에 취직하면 많은 경우 STAGE 2부터 스타트이다. 롤 플레이 게임과 퍼즐 게임처럼 STAGE 1부터 순서대로 올라가야만 하는 규칙은 아니다.

그러나 같은 STAGE 2부터 시작해도 그 후 사회인으로서 경험을 쌓아갔다고 해도 자연스럽게 STAGE가 올라가는 것은 아니다. 몇 년, 몇십 년이 지나도 계속 STAGE 2인 경우도 결코 적지 않고, 오히려 이것이 주류라고도 할 수 있다.

---

25   1970년대 일본 인구 약 1억 명의 대다수가 자신을 중산층으로 의식하고 있다는 말.

STAGE 2인 사람이 돈의 교양STAGE를 올려 미래에 대한 막연한 불안에서 해방되어 풍성한 라이프스타일을 손에 넣기 위해서는 어떻게 하면 좋을까? 그것은 자기 자신의 '두뇌'에 투자하는 것이다.

자산운용을 하든, 비즈니스를 시작하든, 이 STAGE의 사람이 가지고 있는 자금도 신용도 별거 아니다. 그렇다면 우선 가장 효율 좋은 투자처인 자신의 '두뇌'에 돈과 시간을 투자하는 것이다. 적극적인 자기투자야말로 인생을 크게 변화시키는 기반을 쌓는 것이다.

STAGE 3 ▶ 건실관리형

여전히 미래의 불안이 없는 것은 아니지만, 그 불안을 자신의 힘으로 해결하기 위해 행동할 수 있는 것이 STAGE 3이다.

매월 지출을 컨트롤할 수 있고, 적금을 하는 등 저축을 늘려가기 위해 노력하고 있다. 수동적 운용의 투자신탁이나 사적 연금 등 수동적이긴 하지만 돈을 불리기 위한 첫발을 내디디고 있다.

이 STAGE가 되면 돈을 분명히 응시하며, 자신의 돈 사용법을 객관적으로 보고 자신을 바로잡을 수 있게 된다. 여기까지 지반을 굳혔다면 드디어 자기답게 살기 위한 준비에 돌입하자.

STAGE 3은 미래의 비약을 위해서, 잘하는 분야를 찾기 위한 시험 STAGE라고도 할 수 있다. 지출을 억제하는 것을 최우선으로 하는 것이 아니라 여러 가지 경험을 '산다'는 것을 의식하기를 바란다.

예를 들어 도요타 비츠나 닛산의 CUBE 같은 콤팩트 카를 탄다면 과감하게 벤츠의 C클래스로 바꿔보자. 타는 차가 바뀌면 자연스럽게 가는 곳도 바뀐다. 비츠를 타고 리츠칼튼 호텔에 가면 주눅이 들지만, 벤츠라면 그럴 필요가 없다. 맞아주는 포터porter로부터의 취급도 바뀌고 자신의 행동도 바뀐다. 그것이 브랜드의 힘이다.

STAGE가 낮으면 브랜드 물건을 사는 것은 '낭비'가 되지만, STAGE 3이 되면 '투자'가 된다. 평소에는 멀찍이서 바라만 보던 고급 호텔이나 브랜드의 힘을 빌려 과감하게 갈 수 있다. 만나는 사람이 바뀐다. 제공받는 서비스의 질이 바뀐다. 그 결과 보는 세계가 넓어져 더더욱 성장하게 되는 것이다.

10억 원 이상의 자산을 가지고 있는 사람들이 보통 경험하는 세계를 벤츠 구매 대금인 5,000만 원으로 경험할 수 있다. 그 결과 크게 성장할 수 있다. 이처럼 시점을 바꾸면 이것이 바로 투자라는 것을 이해할 수 있을 것이다.

일에 있어서도 STAGE 3 이상이 되면 '자신이 좋아하는 것을 일로 삼는다'라고 하는 것이 명실공히 현실이 된다. 즉 '좋아하는 일이지만 좀처럼 수입으로 연결되지 않는다'라든가 '나름대로 수입은 있지만, 사실은 그다지 좋아하는 일이 아니다'라는 상황이 아닌, 좋아하는 일을 하면서 동시에 수입을 얻을 수 있게 되는 것이다.

자산운용에 있어서는 공부를 계속하면서, 보유자산의 10%로 여러 종류의 투자를 시험해 본다. 그 가운데 시행착오를 하면서 나와 맞고 즐겁다는 생각이 드는 미래의 '전문 분야'를 찾아가는 단계라고 할 수 있다.

STAGE 4 자기완성형

STAGE 4는 단적으로 말하면 인생에 편견을 갖지 않고 살게 되는 STAGE이다.

연령의 2승만큼의 저축액을 가지고 있고, 자기투자 습관도 들었다. 자산운용에 대해서도 STAGE 3에서 발견한 자신에게 맞는 전문 분야에 자산의 50% 이상을 집중 투자하여 착실하게 늘려가는 구조가 구축되어 있다. 돈을 불린다고 해도 안정적인 예금 이자보다도 높은 이율을 낼 수 있다는 말이 아니다. 수많은 자산운용 가운데 자신의 전문 분야는 이것이라는 명확한 자각을 가지고 언젠가 일을 해서 얻은 이익을 능가할 것이라는 가능성을 찾아내는 것이 이 STAGE이다.

또, STAGE 3과의 차이가 특히 크다고 할 수 있는 것이 일이다. STAGE 4까지 와 있는 사람은 실패에서 배운다는 생각이 확립되어 있기 때문에 실패를 두려워하지 않고 많은 경험을 쌓아간다.

그리고 자신의 능력을 활용하여 부가가치를 만들어낸다. 즉 시간을 내서 일하는 것이 아니라 성과에 연동하여 수입을 얻을 수 있는 구조가 만들어져 있다. 또, 자신이 가지고 있는 지식이나 경험을 주위 사람들과 공유하며 사회에 환원해 가는 것에 의식을 돌릴 수 있게 된다.

일과 자산운용에서 성과를 계속 내고 있기 때문에 5년 이상 순자산이 줄지 않았다. 그리고 자신이나 가족의 생활에 그치지 않고 동료나 사회에 공헌을 할 수 있다 - 이것이 STAGE 4에 있는 사람의 평균상이라고 할 수 있다.

STAGE 5 장기안정형

돈의 교양 STAGE의 최종 목표인 STAGE 5는 대체 어떤 세계인가. 돈의 교양 STAGE가 올라가 STAGE 5가 되면 돈이 공기 같은 존재가 되어 돈을 의식하지 않고 생활할 수 있는 상태가 된다. 그렇게 되면 뭔가를 판단할 때의 기준이 '돈'이 아니게 된다. 평소에 우리는 '공기가 없어지지 않도록 가급적 아껴가며 숨을 쉬어야지'라고 생각하지 않고 호흡한다. 그것과 마찬가지로 돈이 공기 같은 존재이기 때문에 돈이 판단 기준이 아니다.

동시에 시간도 자유롭게 사용할 수 있게 된다. '바쁘다'라는 상태에서 해방되어, 돈뿐만이 아니라 자유로운 시간도 많아진다. 그 결과 비용 대비 효과나 시간 대비 효과를 생각하지 않아도 자신이 정말로 좋아하는 일에 돈과 시간을 사용하게 된다.

STAGE 5가 되면 많은 사람이 자신만을 위해서가 아니라 다른 사람의 성장이나 문화의 계승에 적극적으로 돈과 시간을 사용하게 된다. 키워주고 싶은 젊은이가 있으면 고급 레스토랑에 데리고 가서 새로운 세계를 보여준다. 아낌없이 시간을 내서 상담을 해준다. 좋아하는 현대 아트 작가가 있으면 아낌없이 작품을 사서 응원한다. 자신만을 위해 돈을 쓰던 시절보다 마음도 인생도 풍성해졌을 것이다.

쇼핑의 질도 바뀐다. STAGE 1~4의 무렵에는 자신을 잘 보이기 위해서 브랜드 물건을 샀던 사람도 브랜드에 대한 집착이 거의 사라진다. 왜냐하면 인간으로서의 품격이 연마되어 일부러 브랜드 물건을 몸에 걸칠 필요가 없기 때문이다.

STAGE 3에서는 브랜드의 힘을 빌려 성장을 가속화 시키는 것이 중요하다고 말했지만, STAGE 5가 되면 그 필요가 사라진다. 행동에서 지성과 품격이 자연스럽게 배어 나온다. 이에 브랜드 물건을 몸에 걸치지 않아도 주위 사람들이 경의를 표하고, 거기에 맞는 대우를 받게 된다.

STAGE 5의 세계는 실로 충실하다. '생활을 위해서가 아니라, 자신이 하고 싶은 일에 몰두할 수 있는 환경', '말로 표현할 수 없는 행복감', '대가를 요구하지 않고 다른 사람을 위해 어떻게 살까를 생각할 수 있는 기분상의 여유'. 이러한 본질적인 풍성함이 넘쳐나는 것이 STAGE 5의 세계인 것이다.

③
자신의
돈의 교양 STAGE를 안다

　　돈의 교양 STAGE를 높이기 위해서는 지금 자신의 돈의 교양 STAGE를 알고, 하나씩 다음 STAGE로 올라가는 데 필요한 행동을 하는 것이다. 이를 위해서 우선 자신의 돈의 STAGE를 분명히 해야 한다.

　자신의 돈의 교양 STAGE를 알기 위해 사용하는 것이 '돈의 교양 STAGE 체크리스트 A'이다. 이 체크리스트를 사용하면 '사고방식'부터 '사회환원'까지 각각 자신이 어느 STAGE에 있는지 가시화할 수 있다.

STEP 0 ▶ 체크리스트와 펜을 준비한다

우선 '돈의 교양 STAGE 체크리스트A'와 펜을 준비하자. 글씨가 작아 읽기 어려운 경우는 오리진하우스의 공식 블로그 〈http://blog.naver.com/originhouse/221125719269〉에서 내려받아 인쇄하자. 이것으로 준비 OK.

STEP 1 ▶ 체크마크를 넣어 간다

준비됐다면 즉시 체크를 하자.

돈의 교양 STAGE 체크리스트에는 '사고방식'부터 '사회환원'까지 7가지 요소, 5단계에 각각 3개씩 체크 항목이 표시되어 있다. 7가지 요소의 STAGE 1에서 STAGE 5까지 순서대로 훑어보고 자신에게 해당하는 것에 체크마크를 넣어가자.

STEP 2 ▶ 종합적인 자신의 STAGE를 확인한다

모든 항목을 훑어보고 해당하는 것에 체크마크를 넣었다면 STAGE 1에서 STAGE 5까지, 각각 몇 개 체크를 했는지 합계하여 그 수를 각각 왼쪽의 POINT라고 쓰여 있는 난에 기입하자(B참고). 가장 많은 체크마크가 있는 STAGE가 지금 당신의 돈의 교양 STAGE이다.

당신의 돈의 교양 STAGE는 과연 어디일까?

지금까지 몇천 명이라는 사람에게 '돈의 교양 STAGE 체크리스트'를 체크하게 한 결과 STAGE 2라는 결과가 나온 사람이 가장 많았다. 일반적으로는 STAGE 2라면 평균, STAGE 3이라면 평균보다 돈의 교양이 높은 사람이라고 할 수 있을 것이다.

↓

STEP 3　각각의 요소마다 STAGE를 안다

돈의 교양 STAGE 체크리스트의 존재의의는 지금 당신의 돈의 교양 STAGE가 어디인가를 아는 것뿐만이 아니다. 어떻게 하면 효율적으로 돈의 교양 STAGE를 높여 진정으로 풍성하고 여유 있는 인생에 가까이 갈 수 있을까, 그 과제를 가시화할 수 있다는 점에서도 커다란 의의가 있다.

과제를 가시화하기 위해서 이번에는 '사고방식'에서 '사회환원'까지 7가지 요소 각각의 STAGE를 인식한다. 각각의 요소마다 가장 많은 체크를 한 STAGE에 네모를 친다(C참고). 이것은 7가지 요소 각각에 대한 당신의 STAGE가 된다.

네모 친 것 중에 체크를 하지 않는 항목이 있다면 이것은 현재의 STAGE에서 남겨진 당신의 과제이다. 가능한 행동에 옮기도록 하자.

또, 네모 친 STAGE보다도 하나 위의 STAGE의 항목에 대해서도 하나하나 인식해 두자. 이 항목에 체크를 할 수 있게 되면 STAGE가 한 단계 높아지는 것이기 때문이다.

돈의 교양 STAGE 체크리스트 A

	1 사고방식	**2** 모으는 법	**3** 사용법
STAGE 1 생활불안정형 POINT	돈에 대해 치우친 생각을 가지고 있다 ☐ 즉시 부정적인 말을 한다 ☐ 신문이 아니라 텔레비전이나 인터넷에서 정보를 얻는다 ☐ 1년 후의 목표를 세우지 않았다	돈이 모이지 않는다 ☐ 적자가 나는 달이 많다 ☐ 돈이 어느 틈에 줄어 있다 ☐ 가계의 빚을 갚기 위해 빚을 내는 상태가 되어 있다	빚을 지지 않으면 생활이 되지 않는다 ☐ 원하는 것이 있으면 충동적으로 산다 ☐ 저축액보다 빚이 더 많다 ☐ 신용카드 할부, 리볼빙 서비스를 이용하고 있다
STAGE 2 환경의존형 POINT	미래에 대한 불안이 있지만 해답이 보이지 않는다 ☐ 부정적인 말을 하는 친구가 많다 ☐ 미래의 불안을 수치화하여 파악하지 못하고 있다 ☐ 다소 불편더라도 지출이 적은 선택지를 고른다	저축을 한다 ☐ 아주 가끔 통장 정리를 한다 ☐ 미래 어느 정도의 돈이 필요 한지 모른 채 저축하고 있다 ☐ 매월 저축액이 많지 않다	매월, 뭐에 사용했는지 지출이 많다 ☐ 참지 못하고 원하는 것을 사버리는 일이 많다 ☐ 공짜라는 말을 들으면 귀가 솔깃해진다 ☐ 어떤 보험이 좋은지 이해하지 못한 채 보험에 가입했다
STAGE 3 건실관리형 POINT	미래의 불안을 해결하기 위해 매일 행동하고 있다 ☐ 같은 스테이지나 아래의 스테이지의 친구가 많다 ☐ 라이프플랜의 문제점은 알지만 행동하지 못하고 있다 ☐ 헛되이 보내는 시간이 많다고 생각한다	적금을 드는 등 저축하는 습관이 있다 ☐ 매월 일정액을 적금하고 있다 ☐ 노후를 위해 일정한 페이스로 저축하고 있다 ☐ 저축의 일부를 자금운용에 돌릴 수 있다	지출을 컨트롤할 수 있다 ☐ 필요한 것과 갖고 싶은 것을 구별할 수 있다 ☐ 코스트퍼포먼스(성능 대 가격비)를 의식하여 쇼핑할 수 있다 ☐ 적정한 보장의 보험에 가입할 수 있다
STAGE 4 자기완성형 POINT	경험과 실패로부터 성장하는 사고를 가지고 있다 ☐ 정보의 정확도를 높이기 위해 노력하고 있다 ☐ 라이프플랜에 있어서 돈 문제는 거의 해결되었다 ☐ 시간 비용을 알고 일부를 외주화 할 수 있다	연령의 2승의 저축액이 있다 (예:40세X40=1억 6천만 원) ☐ 연령의 2승의 저축액이 있다 ☐ 노후에 필요한 돈이 있다 ☐ 자기 나름의 저축 스타일이 구축되어 있다	매월, 일정액을 자기투자에 사용하고 있다 ☐ 미래 거주비를 받는 입장이 되기 위한 행동을 취하고 있다 ☐ 매월 일정액을 자기투자에 사용하고 있다 ☐ 보험에 가입하지 않아도 좋을 정도의 기반이 만들어져 있다
STAGE 5 장기안정형 POINT	사물의 본질을 파악할 능력을 가지고 있다 ☐ 세상에 새로운 가치를 제공할 수 있다 ☐ 돈이 기준이 아닌 하고 싶은 것을 날마다 판단하고 있다 ☐ 타인이나 미디어의 말을 사실과 의견으로 나눠 생각할 수 있다	생애 필요한 금액만큼 저축액이 있다 ☐ 의식하지 않아도 저축이 점점 늘어난다 ☐ 평생 살아가는 데 충분한 저축액이 있다 ☐ 저축을 의식하지 않는 생활을 하고 있다	사람의 성장이나 문화의 계승 등에 돈을 사용하고 있다 ☐ 다음 세대에 남을 것에 돈을 사용할 수 있다 ☐ 인생을 풍성하기 위한 시간에 돈을 투자할 수 있다 ☐ 브랜드 물건을 가지고 있지 않아도 자신이 브랜드가 되어 있다

4 버는 법	5 불리는 법	6 유지관리	7 사회환원
당장의 생활을 위해 일하고 있다	**운 좋게 돈이 많아지기를 날마다 바라고 있다**	**돈의 대차나 사기로 트러블이 생긴 적이 있다**	**받은 적은 있어도 준 적은 없다**
☐ 당장의 생활을 위해 일하고 있다 ☐ 적당한 시간만 일하고 싶다 ☐ 단기적인 수입으로 일을 판단한다	☐ 복권과 도박을 좋아한다 ☐ 운 좋게 돈이 많아지지 않을까 기대하고 있다 ☐ 은행 예금의 이자가 어느 정도인지 모른다	☐ 친구에게 돈을 빌려줬다 ☐ 돈의 대차나 사기로 트러블이 생긴 적이 있다 ☐ 빚진 금액이나 리볼빙 지불액을 알지 못한다	☐ 모금 활동에 흥미가 없다 ☐ 다른 사람의 성공이 부럽다 ☐ 격차 사회인 것에 불만이 있다
안정된 수입이 있다	**저금리에 불만은 있지만 저축밖에는 하는 것이 없다**	**저축 총액을 파악하고 있다**	**가족이나 친구에게 도움을 줄 수 있다**
☐ 안정된 수입이 있다 ☐ 수입을 늘리기 위해 일하는 시간을 더 늘려야 한다 ☐ 더 나은 기술이나 능력보다 생활을 위해 일하고 있다	☐ 저축 이외에는 리스크로 무섭다고 생각한다 ☐ 돈을 불리기 위해 독서나 세미나에 참가하고 싶다 ☐ 조금이라도 금리가 좋은 정기 예금을 찾고 있다	☐ 매월 지출뿐만 아니라 저축 총액도 파악하고 있다 ☐ 공적연금이나 퇴직금의 예상액을 파악하고 있다 ☐ 모든 빚이나 대출 잔고를 파악하고 있다	☐ 자원봉사 활동에 흥미가 있다 ☐ 가족이나 친구를 돕는 경우가 많다 ☐ 사회의 격차는 당연한 것이라고 생각한다
수년 후에도 수입이 늘어나도록 일을 하고 있다	**투자 신탁, 개인 연금 등 수동적인 운용 뿐이다**	**가지고 있는 자산(집, 차, 보험 등)의 시가를 알고 있다**	**모금이나 자원봉사에 참가한 적이 있다**
☐ 수년 후에도 수입이 늘어나도록 일을 하고 있다 ☐ 노동 시간을 줄여도 수입이 느는 방법을 알고 있다 ☐ 비즈니스 구축을 의식하며 일할 수 있다	☐ 자산운용은하고 있지만 개인 연금 등의 수동적인 운용 뿐 ☐ 어떤 운용법이 자신에게 맞는지 모색하고 있다 ☐ 뉴스나 경제 지표를 자산운용에 활용하지 않는다	☐ 가지고 있는 자산의 시가를 알고 있다 ☐ 유용하지 않은 대출은 예정보다 앞당겨 갚고 있다 ☐ 가계의 B/S(대차대조표)를 만들고 있다	☐ 자원봉사 활동에 참가한 적이 있다 ☐ 가족에게 매월 생활비나 학비의 일부를 보내고 있다 ☐ 사회적 약자를 가급적 돕고자 한다
시간이 아니라 성과에 연동한 수입 구조이다	**자신 있는 분야에 투자하여 성과를 내고 있다**	**5년 이상 순자산이 줄지 않았다**	**돈이나 지식, 경험을 계속적으로 제공하고 있다**
☐ 세상의 영향을 의식하며 일할 수 있다 ☐ 노동 시간을 줄여도 수입이 늘어나는 구조이다 ☐ 자신의 강점을 활용하여 일할 수 있다	☐ 자신있는 분야에 투자하여 성과를 낼 수 있다 ☐ 어떤 운용법이 자신에게 맞는지 알고 있다 ☐ 수동적인 운용 방법 이외의 운용 방법도 적극적이다	☐ 5년 이상, 순자산이 줄지 않았다 ☐ 돈을 만들어내지 않는 빚은 지지 않는다 ☐ 회계 전문가에게 자산과 수입을 체크 받고 있다	☐ 자원봉사 활동에 계속적으로 참석하고 있다 ☐ 누군가에게 지식, 경험을 계속적으로 제공하고 있다 ☐ 물고기 낚는 법을 가르칠 수 있다
적은 시간으로 많은 수입을 얻는 구조를 가지고 있다	**재현성 있는 운용방식으로 운용 수입이 지출을 넘는다**	**노동수입이 없어도 생활할 수 있는 자산과 수입을 가지고 있다**	**자신이 가지고 있는 것을 사회에 환원하는 구조가 있다**
☐ 돈이 아닌 즐거움이나 다른 사람을 위해서 일한다 ☐ 적은 시간으로 많은 수입을 얻는 구조를 가지고 있다 ☐ 노동없이 자산에서 나오는 수입으로 생계를 이어갈 수 있다	☐ 운용 수입이 지출을 넘는다 ☐ 재현성이 있는 방법으로 자산운용을 할 수 있다 ☐ 자산운용으로 성과를 내고 있는 동료가 10명 이상 있다	☐ 가족과 상속이나 사업 계승에 대해서 정리되었다 ☐ 노동수입이 없어도 생활 할 수 있는 자산, 수입이 있다 ☐ 운용, 세무, 법무 분야에서 의견을 들을 팀이 만들어져 있다	☐ 자원봉사 하러 가는 것이 아닌 주최하는 구조다 ☐ 자신이 가지고 있는 것을 사회에 환원하는 구조가 만들어져 있다 ☐ 자신이 사회에 줄 수 있는 점을 이해한 후 환원하고 있다

돈의 교양 STAGE 체크리스트 B

	1 사고방식	**2** 모으는 법	**3** 사용법
STAGE 1 생활불안정형 **8** POINT	돈에 대해 치우친 생각을 가지고 있다 ☐ 즉시 부정적인 말을 한다 ☑ 신문이 아니라 텔레비전이나 인터넷에서 정보를 얻는다 ☑ 1년 후의 목표를 세우지 않았다	돈이 모이지 않는다 ☐ 적자가 나는 달이 많다 ☐ 돈이 어느 틈에 줄어 있다 ☐ 가계의 빚을 갚기 위해 빚을 내는 상태가 되어 있다	빚을 지지 않으면 생활이 되지 않는다 ☑ 원하는 것이 있으면 충동적으로 산다 ☐ 저축액보다 빚이 더 많다 ☐ 신용카드 할부, 리볼빙 서비스를 이용하고 있다
STAGE 2 환경의존형 **13** POINT	미래에 대한 불안이 있지만 해답이 보이지 않는다 ☐ 부정적인 말을 하는 친구가 많다 ☑ 미래의 불안을 수치화하여 파악하지 못하고 있다 ☐ 다소 불편하더라도 지출이 적은 선택지를 고른다	저축을 한다 ☑ 아주 가끔 통장 정리를 한다 ☑ 미래 어느 정도의 돈이 필요한지 모른 채 저축하고 있다 ☑ 매월 저축액이 많지 않다	매월, 뭐에 사용했는지 지출이 많다 ☑ 참지 못하고 원하는 것을 사버리는 일이 많다 ☑ 공짜라는 말을 들으면 귀가 솔깃해진다 ☑ 어떤 보험이 좋은지 이해하지 못한 채 보험에 가입했다
STAGE 3 건실관리형 **7** POINT	미래의 불안을 해결하기 위해 매일 행동하고 있다 ☑ 같은 스테이지나 아래의 스테이지의 친구가 많다 ☑ 라이프플랜의 문제점은 알지만 행동하지 못하고 있다 ☑ 헛되이 보내는 시간이 많다고 생각한다	적금을 드는 등 저축하는 습관이 있다 ☐ 매월 일정액을 적금하고 있다 ☐ 노후를 위해 일정한 페이스로 저축하고 있다 ☐ 저축의 일부를 자금운용에 돌릴 수 있다	지출을 컨트롤할 수 있다 ☐ 필요한 것과 갖고 싶은 것을 구별할 수 있다 ☐ 코스트퍼포먼스(성능 대 가격비)를 의식하여 쇼핑할 수 있다 ☐ 적정한 보장의 보험에 가입할 수 있다
STAGE 4 자기완성형 **2** POINT	경험과 실패로부터 성장하는 사고를 가지고 있다 ☐ 정보의 정확도를 높이기 위해 노력하고 있다 ☑ 라이프플랜에 있어서 돈 문제는 거의 해결되었다 ☐ 시간 비용을 알고 일부를 외주화 할 수 있다	연령의 2승의 저축액이 있다 (예:40세X40=1억 6천만 원) ☐ 연령의 2승의 저축액이 있다 ☐ 노후에 필요한 돈이 있다 ☐ 자기 나름의 저축 스타일이 구축되어 있다	매월, 일정액을 자기투자에 사용하고 있다 ☐ 미래 거주비를 받는 입장이 되기 위한 행동을 취하고 있다 ☐ 매월 일정액을 자기투자에 사용하고 있다 ☐ 보험에 가입하지 않아도 좋을 정도의 기반이 만들어져 있다
STAGE 5 장기안정형 **0** POINT	사물의 본질을 파악할 능력을 가지고 있다 ☐ 세상에 새로운 가치를 제공할 수 있다 ☐ 돈이 기준이 아닌 하고 싶은 것을 날마다 판단하고 있다 ☐ 타인이나 미디어의 말을 사실과 의견으로 나눠 생각할 수 있다	생애 필요한 금액만큼 저축액이 있다 ☐ 의식하지 않아도 저축이 점점 늘어난다 ☐ 평생 살아가는 데 충분한 저축액이 있다 ☐ 저축을 의식하지 않는 생활을 하고 있다	사람의 성장이나 문화의 계승 등에 돈을 사용하고 있다 ☐ 다음 세대에 남을 것에 돈을 사용할 수 있다 ☐ 인생을 풍성하기 위한 시간에 돈을 투자할 수 있다 ☐ 브랜드 물건을 가지고 있지 않아도 자신이 브랜드가 되어 있다

4 버는 법	**5** 불리는 법	**6** 유지관리	**7** 사회환원
당장의 생활을 위해 일하고 있다	운 좋게 돈이 많아지기를 날마다 바라고 있다	돈의 대차나 사기로 트러블이 생긴 적이 있다	받은 적은 있어도 준 적은 없다
☐ 당장의 생활을 위해 일하고 있다 ☑ 적당한 시간만 일하고 싶다 ☑ 단기적인 수입으로 일을 판단한다	☐ 복권과 도박을 좋아한다 ☑ 운 좋게 돈이 많아지지 않을까 기대하고 있다 ☑ 은행 예금의 이자가 어느 정도인지 모른다	☐ 친구에게 돈을 빌려줬다 ☐ 돈의 대차나 사기로 트러블이 생긴 적이 있다 ☐ 빚진 금액이나 리볼빙 지불액을 알지 못한다	☐ 모금 활동에 흥미가 없다 ☑ 다른 사람의 성공이 부럽다 ☐ 격차 사회인 것에 불만이 있다
안정된 수입이 있다	저금리에 불만은 있지만 저축밖에는 하는 것이 없다	저축 총액을 파악하고 있다	가족이나 친구에게 도움을 줄 수 있다
☑ 안정된 수입이 있다 ☑ 수입을 늘리기 위해 일하는 시간을 더 늘려야 한다 ☑ 더 나은 기술이나 능력보다 생활을 위해 일하고 있다	☐ 저축 이외에는 리스크로 무섭다고 생각한다 ☐ 돈을 불리기 위해 독서나 세미나에 참가하고 싶다 ☐ 조금이라도 금리가 좋은 정기 예금을 찾고 있다	☑ 매월 지출뿐만 아니라 저축 총액도 파악하고 있다 ☑ 공적연금이나 퇴직금의 예상액을 파악하고 있다 ☑ 모든 빚이나 대출 잔고를 파악하고 있다	☐ 자원봉사 활동에 흥미가 있다 ☐ 가족이나 친구를 돕는 경우가 있다 ☐ 사회의 격차는 당연한 것이라고 생각한다
수년 후에도 수입이 늘어나도록 일을 하고 있다	투자 신탁, 개인 연금 등 수동적인 운용 뿐이다	가지고 있는 자산(집, 차, 보험 등)의 시가를 알고 있다	모금이나 자원봉사에 참가한 적이 있다
☐ 수년 후에도 수입이 늘어나도록 일을 하고 있다 ☐ 노동 시간을 줄여도 수입이 느는 방법을 알고 있다 ☐ 비즈니스 구축을 의식하며 일할 수 있다	☐ 자산운용은하고 있지만 개인 연금 등의 수동적인 운용 뿐 ☐ 어떤 운용법이 자신에게 맞는지 모색하고 있다 ☑ 뉴스나 경제 지표를 자산운용에 활용하지 않는다	☐ 가지고 있는 자산의 시가를 알고 있다 ☑ 유용하지 않은 대출은 예정보다 앞당겨 갚고 있다 ☐ 가계의 B/S(대차대조표)를 만들고 있다	☑ 자원봉사 활동에 참가한 적이 있다 ☐ 가족에게 매월 생활비나 학비의 일부를 보내고 있다 ☑ 사회적 약자를 가급적 돕고자 한다
시간이 아니라 성과에 연동한 수입 구조이다	자신 있는 분야에 투자하여 성과를 내고 있다	5년 이상 순자산이 줄지 않았다	돈이나 지식, 경험을 계속적으로 제공하고 있다
☐ 세상의 영향을 의식하며 일할 수 있다 ☐ 노동 시간을 줄여도 수입이 늘어나는 구조이다 ☑ 자신의 강점을 활용하여 일할 수 있다	☐ 자신있는 분야에 투자하여 성과를 낼 수 있다 ☐ 어떤 운용법이 자신에게 맞는지 알고 있다 ☐ 수동적인 운용 방법 이외의 운용 방법도 적극하고 있다	☐ 5년 이상, 순자산이 줄지 않았다 ☐ 돈을 만들어내지 않는 빚은 지지 않는다 ☐ 회계 전문가에게 자산과 수입을 체크 받고 있다	☐ 자원봉사 활동에 계속적으로 참석하고 있다 ☐ 누군가에게 지식, 경험을 계속적으로 제공하고 있다 ☐ 물고기 낚는 법을 가르칠 수 있다
적은 시간으로 많은 수입을 얻는 구조를 가지고 있다	재현성 있는 운용방식으로 운용 수입이 지출을 넘는다	노동수입이 없어도 생활할 수 있는 자산과 수입을 가지고 있다	자신이 가지고 있는 것을 사회에 환원하는 구조가 있다
☐ 돈이 아닌 즐거움이나 다른 사람을 위해서 일한다 ☐ 적은 시간으로 많은 수입을 얻는 구조를 가지고 있다 ☐ 노동없이 자산에서 나오는 수입으로 생계를 이어갈 수 있다	☐ 운용 수입이 지출을 넘는다 ☐ 재현성이 있는 방법으로 자산운용을 할 수 있다 ☐ 자산운용으로 성과를 내고 있는 동료가 10명 이상 있다	☐ 가족과 상속이나 사업 계승에 대해서 정리되었다 ☐ 노동수입이 없어도 생활 할 수 있는 자산, 수입이 있다 ☐ 운용, 세무, 법무 분야에서 의견을 들을 팀이 만들어져 있다	☐ 자원봉사 하러 가는 것이 아닌 주최하는 구조다 ☐ 자신이 가지고 있는 것을 사회에 환원하는 구조가 만들어져 있다 ☐ 자신이 사회에 줄 수 있는 점을 이해한 후 환원하고 있다

돈의 교양 STAGE 체크리스트 C

	1 사고방식	**2** 모으는 법	**3** 사용법
STAGE 1 생활불안정형 **8** POINT	돈에 대해 치우친 생각을 가지고 있다 ☐ 즉시 부정적인 말을 한다 ☑ 신문이 아니라 텔레비전이나 인터넷에서 정보를 얻는다 ☑ 1년 후의 목표를 세우지 않았다	돈이 모이지 않는다 ☐ 적자가 나는 달이 많다 ☐ 돈이 어느 틈에 줄어 있다 ☐ 가계의 빚을 갚기 위해 빚을 내는 상태가 되어 있다	빚을 지지 않으면 생활이 되지 않는다 ☑ 원하는 것이 있으면 충동적으로 산다 ☐ 저축액보다 빚이 더 많다 ☐ 신용카드 할부, 리볼빙 서비스를 이용하고 있다
STAGE 2 환경의존형 **13** POINT	미래에 대한 불안이 있지만 해답이 보이지 않는다 ☐ 부정적인 말을 하는 친구가 많다 ☑ 미래의 불안을 수치화하여 파악하지 못하고 있다 ☐ 다소 불편하더라도 지출이 적은 선택지를 고른다	저축을 한다 ☑ 아주 가끔 통장 정리를 한다 ☑ 미래 어느 정도의 돈이 필요한지 모른 채 저축하고 있다 ☑ 매월 저축액이 많지 않다	매월, 뭐에 사용했는지 지출이 많다 ☑ 참지 못하고 원하는 것을 사버리는 일이 많다 ☑ 공짜라는 말을 들으면 귀가 솔깃해진다 ☑ 어떤 보험이 좋은지 이해하지 못한 채 보험에 가입했다
STAGE 3 건실관리형 **7** POINT	미래의 불안을 해결하기 위해 매일 행동하고 있다 ☑ 같은 스테이지나 아래의 스테이지의 친구가 많다 ☑ 라이프플랜의 문제점은 알지만 행동하지 못하고 있다 ☑ 헛되이 보내는 시간이 많다고 생각한다	적금을 드는 등 저축하는 습관이 있다 ☐ 매월 일정액을 적금하고 있다 ☐ 노후를 위해 일정한 페이스로 저축하고 있다 ☐ 저축의 일부를 자금운용에 돌릴 수 있다	지출을 컨트롤할 수 있다 ☐ 필요한 것과 갖고 싶은 것을 구별할 수 있다 ☐ 코스트퍼포먼스(성능 대 가격비)를 의식하여 쇼핑할 수 있다 ☐ 적정한 보장의 보험에 가입할 수 있다
STAGE 4 자기완성형 **2** POINT	경험과 실패로부터 성장하는 사고를 가지고 있다 ☐ 정보의 정확도를 높이기 위해 노력하고 있다 ☑ 라이프플랜에 있어서 돈 문제는 거의 해결되었다 ☐ 시간 비용을 알고 일부를 외주화 할 수 있다	연령의 2승의 저축액이 있다 (예:40세X40=1억 6천만 원) ☐ 연령의 2승의 저축액이 있다 ☐ 노후에 필요한 돈이 있다 ☐ 자기 나름의 저축 스타일이 구축되어 있다	매월, 일정액을 자기투자에 사용하고 있다 ☐ 미래 거주비를 받는 입장이 되기 위한 행동을 취하고 있다 ☐ 매월 일정액을 자기투자에 사용하고 있다 ☐ 보험에 가입하지 않아도 좋을 정도의 기반이 만들어져 있다
STAGE 5 장기안정형 **0** POINT	사물의 본질을 파악할 능력을 가지고 있다 ☐ 세상에 새로운 가치를 제공할 수 있다 ☐ 돈이 기준이 아닌 하고 싶은 것을 날마다 판단하고 있다 ☐ 타인이나 미디어의 말을 사실과 의견으로 나눠 생각할 수 있다	생애 필요한 금액만큼 저축액이 있다 ☐ 의식하지 않아도 저축이 점점 늘어난다 ☐ 평생 살아가는 데 충분한 저축액이 있다 ☐ 저축을 의식하지 않는 생활을 하고 있다	사람의 성장이나 문화의 계승 등에 돈을 사용하고 있다 ☐ 다음 세대에 남을 것에 돈을 사용할 수 있다 ☐ 인생을 풍성하기 위한 시간에 돈을 투자할 수 있다 ☐ 브랜드 물건을 가지고 있지 않아도 자신이 브랜드가 되어 있다

4 버는 법	5 불리는 법	6 유지관리	7 사회환원
당장의 생활을 위해 일하고 있다	**운 좋게 돈이 많아지기를 날마다 바라고 있다**	**돈의 대차나 사기로 트러블이 생긴 적이 있다**	**받은 적은 있어도 준 적은 없다**
☐ 당장의 생활을 위해 일하고 있다	☐ 복권과 도박을 좋아한다	☐ 친구에게 돈을 빌려줬다	☐ 모금 활동에 흥미가 없다
☑ 적당한 시간만 일하고 싶다	☑ 운 좋게 돈이 많아지지 않을까 기대하고 있다	☐ 돈의 대차나 사기로 트러블이 생긴 적이 있다	☑ 다른 사람의 성공이 부럽다
☑ 단기적인 수입으로 일을 판단한다	☑ 은행 예금의 이자가 어느 정도인지 모른다	☐ 빚진 금액이나 리볼빙 지불액을 알지 못한다	☐ 격차 사회인 것에 불만이 있다
안정된 수입이 있다	**저금리에 불만은 있지만 저축밖에는 하는 것이 없다**	**저축 총액을 파악하고 있다**	**가족이나 친구에게 도움을 줄 수 있다**
☑ 안정된 수입이 있다	☐ 저축 이외에는 리스크로 무섭다고 생각한다	☑ 매월 지출뿐만 아니라 저축 총액도 파악하고 있다	☐ 자원봉사 활동에 흥미가 있다
☑ 수입을 늘리기 위해 일하는 시간을 더 늘려야 한다	☐ 돈을 불리기 위해 독서나 세미나에 참가하고 싶다	☑ 공적연금이나 퇴직금의 예상액을 파악하고 있다	☐ 가족이나 친구를 돕는 경우가 많다
☑ 더 나은 기술이나 능력보다 생활을 위해 일하고 있다	☐ 조금이라도 금리가 좋은 정기 예금을 찾고 있다	☑ 모든 빚이나 대출 잔고를 파악하고 있다	☐ 사회의 격차는 당연한 것이라고 생각한다
수년 후에도 수입이 늘어나도록 일을 하고 있다	**투자 신탁, 개인 연금 등 수동적인 운용 뿐이다**	**가지고 있는 자산(집, 차, 보험 등)의 시가를 알고 있다**	**모금이나 자원봉사에 참가한 적이 있다**
☐ 수년 후에도 수입이 늘어나도록 일을 하고 있다	☐ 자산운용은하고 있지만 개인 연금 등의 수동적인 운용 뿐	☐ 가지고 있는 자산의 시가를 알고 있다	☑ 자원봉사 활동에 참가한 적이 있다
☐ 노동 시간을 줄여도 수입이 느는 방법을 알고 있다	☐ 어떤 운용법이 자신에게 맞는지 모색하고 있다	☑ 유용하지 않은 대출은 예정보다 앞당겨 갚고 있다	☐ 가족에게 매월 생활비나 학비의 일부를 보내고 있다
☐ 비즈니스 구축을 의식하며 일할 수 있다	☑ 뉴스나 경제 지표를 자산운용에 활용하지 않는다	☐ 가계의 B/S(대차대조표)를 만들고 있다	☑ 사회적 약자를 가급적 돕고자 한다
시간이 아니라 성과에 연동한 수입 구조이다	**자신 있는 분야에 투자하여 성과를 내고 있다**	**5년 이상 순자산이 줄지 않았다**	**돈이나 지식, 경험을 계속적으로 제공하고 있다**
☐ 세상의 영향을 의식하며 일할 수 있다	☐ 자신있는 분야에 투자하여 성과를 낼 수 있다	☐ 5년 이상, 순자산이 줄지 않았다	☐ 자원봉사 활동에 계속적으로 참석하고 있다
☐ 노동 시간을 줄여도 수입이 늘어나는 구조이다	☐ 어떤 운용법이 자신에게 맞는지 알고 있다	☐ 돈을 만들어내지 않는 빚은 지지 않는다	☐ 누군가에게 지식, 경험을 계속적으로 제공하고 있다
☑ 자신의 강점을 활용하여 일할 수 있다	☐ 수동적인 운용 방법 이외의 운용 방법도 적극하고 있다	☐ 회계 전문가에게 자산과 수입을 체크 받고 있다	☐ 물고기 낚는 법을 가르칠 수 있다
적은 시간으로 많은 수입을 얻는 구조를 가지고 있다	**재현성 있는 운용방식으로 운용 수입이 지출을 넘는다**	**노동수입이 없어도 생활할 수 있는 자산과 수입을 가지고 있다**	**자신이 가지고 있는 것을 사회에 환원하는 구조가 있다**
☐ 돈이 아닌 즐거움이나 다른 사람을 위해서 일한다	☐ 운용 수입이 지출을 넘는다	☐ 가족과 상속이나 사업 계승에 대해서 정리되었다	☐ 자원봉사 하러 가는 것이 아닌 주최하는 구조다
☐ 적은 시간으로 많은 수입을 얻는 구조를 가지고 있다	☐ 재현성이 있는 방법으로 자산운용을 할 수 있다	☐ 노동수입이 없어도 생활할 수 있는 자산, 수입이 있다	☐ 자신이 가지고 있는 것을 사회에 환원하는 구조가 만들어져 있다
☐ 노동없이 자산에서 나오는 수입으로 생계를 이어갈 수 있다	☐ 자산운용으로 성과를 내고 있는 동료가 10명 이상 있다	☐ 운용, 세무, 법무 분야에서 의견을 들 팀이 만들어져 있다	☐ 자신이 사회에 줄 수 있는 점을 이해한 후 환원하고 있다

4

돈의 교양 STAGE를
높이는 방법

       돈의 교양 STAGE 체크리스트를 보면 STAGE 1과 STAGE 5는 하늘과 땅 정도의 차이가 있는 것을 알 수 있다.

'버는 법'을 예로 들면 STAGE 1에서는 당장 생활을 위해서 일하는 것에 비해, STAGE 5에서는 적은 시간으로 많은 수입을 얻는 구조로 되어 있다. 이렇게 보면 아주 다르지만, 지금의 STAGE 5인 사람이라도 처음부터 STAGE 5였던 것은 아니다. 많은 사람이 이전에는 STAGE 2였을 것이고, 경우에 따라서는 STAGE 1이었던 사람도 있을 것이다.

자신의 가치를 살려 일할 수 있게 되고 시간에 여유가 생긴다. 자신의 흥미를 살린 자산운용을 할 수 있게 되어 그것이 스톡 수입으로 변해 간다. 더욱 가치 있는 것에 돈을 쓰는 것이 새로운 경험이나 만남으로 이어진다. 이러한 변화가 시너지 효과를 낳아, 지금까지 인생의 연장선상에는 없던 많은 새로운 선택지를 만날 수 있게 되는 것이다.

이치로 선수도 처음부터 세계에서 인정받는 선수는 아니었다. 하나하나 행동을 쌓아, 한 단계씩 올라갔을 것이다. 당신이 현재 돈에 대한 고민과 불안을 가지고 있다면 우선은 한 단계 STAGE를 올려보자. 당신이 상상하는 이상으로 보이는 세계가 변하는 것을 실감할 수 있을 것이다. 우선은 목표로 하는 STAGE를 정해서 그곳을 향해 하나씩 STAGE을 올리자.

목표로 하는 STAGE는 사람에 따라 다르다. "STAGE 3까지 가면 충분히 행복해"라고 말하는 사람도 있고 "한 번 뿐인 인생이니까, 가장 높은 단계를 목표로 하고 싶어"라고 말하는 사람도 있을 것이다. 특별히 모든 사람이 STAGE 5를 목표로 할 필요는 없다. 자신의 가치관, 인생관에 비추어보아 목표로 하는 STAGE를 정하고 몇 년 후에 그것을 실현하고 싶은지 생각하기 바란다. 나중에 이 체크리스트가 당신의 길잡이가 되어 줄 것이다.

STAGE에 맞는
행동을 취한다

반복해서 말하지만, 돈의 교양이란 내가 지금까지 만나고 시간을 함께 보낸 많은 경제적·심리적으로 자유를 얻은 사람들로부터 가치관이나 성장을 위한 행적의 공통항을 찾아 정리한 보편적인 원리원칙이다. 그리고 오랜 세월에 걸쳐 목적지에 이르기 위한 방법론을 논리적으로 완성한 것이 '돈의 교양 STAGE'라는 개념 프레임워크이다.

이 개념 프레임워크의 잠재능력을 꺼낼 열쇠를 쥐고 있는 것은 '밸런스'다. 돈의 교양 STAGE를 높이기 위해서는 그 STAGE에 맞는 행동을 취하는 것이 중요하다. 왜냐하면 STAGE에 맞지 않는 행동을 취하면 어긋남이나 위화감이 생겨 결과적으로 신용이 높아지지 않기 때문이다.

앞에서 일류 프로야구 선수가 포르쉐를 타는 것은 그다지 위화감이 없지만, 이제 막 사회인이 된 20대 젊은이가 포르쉐를 타는 것은 금전 감각에 문제가 있는 것처럼 보인다고 말했다. 그럼 반대로 일류 프로야구 선수가 경차를 탄다면 어떨까? 100엔 숍의 예와 마찬가지로 사람들이 '그 사람은 구두쇠인가?'라는 눈으로 보게 된다. 결과적으로 신용이 높아지기 어렵다. 신용이 올라가지 않으면 장기적으로 높은 수입을 유지하기 어렵다. '경차를 탄다'라는 행위 그 자체는 아무런 규칙 위반도 하고 있지 않은데 말이다.

예를 들어 '버는 법', '불리는 법'이 STAGE 5인 사람이 친구나 후배와 식사할 때 한 번 내는 일 없이 더치페이로 계산을 요구한다면 밸런스가 상당히 좋지 않은 느낌일 것이다. 이 행위 자체는 법을 어기는 것도 아니고 비난받을 이유도 없다. 그러나 본인이 옳은 행동을 하고 있다고 생각해도 밸런스가 좋지 않아 주위 사람들로부터 신용을 얻기 힘들다.

신용을 쌓지 않고 얻은 돈은 장기적으로 보면 수중에서 사라진다. 일시적으로 '버는 법', '불리는 법'이 STAGE 5까지 도달했다고 해도, 다른 요소의 STAGE가 낮아 신용을 어설프게 밖에는 얻지 못해 안정적으로 STAGE 5에 머무는 것이 어려워지는 것이다. 때문에 이러한 돈의 교양 STAGE 효율을 높여가기 위해서는 가급적 각 요소의 STAGE에 밸런스를 맞추는 편이 좋다.

비즈니스에 있어서 융자를 받을 때도 신용이 높을수록 돈을 빌리기 쉽다. 여기서 말하는 신용은 소위 말하는 여신으로서의 경제적 신용뿐만 아니라, 인맥이나 인간관계라는 인간적 신용도 크게 영향을 미친다.

미국에 있는 웹사이트는 세계의 저명 투자가가 언제 누구에게 얼마나 투자했느냐는 정보가 축적, 공개된다. 그리고 투자를 받았다는 실적이 새로운 투자는 물론 융자기관에서 융자를 받을 수 있는 가능성을 만들어 간다. 이런 자금 조달에 의해 비즈니스는 점점 커진다. '사람들로부터 얼마나 신용 받고 있는가?'라는 사실이 직접적으로 비즈니스 즉 '버는 법'으로 연결되는 알기 쉬운 사례라고 할 수 있다.

인생의 중요한 국면에서는 신용이 크게 영향을 미친다. STAGE

가 높아질수록 영향을 미치는 정도는 커진다. 신용을 보다 높이기 위해서도 STAGE에 맞는 행동을 취하는 것은 매우 중요하다.

또 돈에 관련된 트러블에 말려들지 않기 위해서도 STAGE의 각 요소의 밸런스를 맞추어가는 일은 꼭 필요하다. 내가 아는 사람 중에도 일류 기업에서 근무하면서 다중 채무를 지고 있는 사람은 의외로 많다. 또 투자 이야기에 귀가 솔깃해져 자금을 투자했는데 투자금조차 받지 못하거나 부동산에서 권하는 투자용 빌라를 구매했는데 사람이 들어오지 않아 계속 공실인 채로 있어 곤란하다는 이야기도 듣는다. STAGE의 각 요소가 균형이 맞지 않으면 어찌 되었든 트러블을 일으킨다.

'버는 법'의 STAGE가 높아도 '사용법'의 STAGE가 낮으면 수입 이상으로 돈을 써버려 신용카드의 변제에 쫓기거나 현금서비스를 받지 않으면 안 되는 상황에 빠지기도 한다. '불리는 법'의 STAGE가 낮으면 선물 거래, 부동산 투자 등에서 과도한 리스크에 빠져 큰 손해를 볼 때도 있다. '유지관리'의 STAGE가 낮으면 친구가 돈을 빌려달라고 하는 경우 돈을 빌려주고 그것이 원인이 돼서 인간관계마저 파괴되는 경우도 있다.

이러한 트러블은 전체적인 STAGE가 높은 사람일수록 주의가 필요하다. 왜냐하면 취급하는 돈이 많기 때문에 트러블이 일어났을 때 금액이 커지기 쉽고, 돈이 많으면 많을수록 그것을 노리는 사람이 다가오기 쉽기 때문이다.

인간적 신용이 높아도 돈의 교양이 낮거나 균형이 맞지 않으면 트러블에 말려든다. 돈의 트러블에 말려들면 결과적으로 신용도가 낮아져 자신의 가치도 낮아진다.

떠내려가는 힘

많은 사람이 '돈이 모이지 않아'라든가 '돈에 대한 불안이 없는 생활을 하고 싶어'라고 생각해도 무엇을 하면 좋을지 모른다. 그러나 현재 자신의 STAGE와 과제를 알게 되면, 어떤 행동을 취해 돈에 대한 고민으로부터 해방될지, 신용을 높이고 자유롭고 여유 있는 생활을 할 수 있을지 알 수 있다.

만약 당신이 지금의 생활에 만족하지 못하고 미래에 대해 불안하다면 속았다 생각하고 '돈의 교양 STAGE 체크 리스트'에서 드러난 과제를 행동에 옮겨보자. 왜냐하면 아무런 행동도 하지 않고는 당장의 문제나 불안이 커지는 일은 있지만 해결되는 일은 없기 때문이다.

우리 문화 중에는 옛날부터 자기 생각이 분명한 것을 미덕이자 어른이 됐다고 평가하는 문화가 있다. 그러나 더욱 성장하고 싶다면 '나'는 버리는 편이 현명하다. 왜냐하면 앞에서 말했듯이 만약 당신이 현재 돈에 대한 고민이나 불안을 가지고 있다면, 심하게 말하면

떠내려가면 세계가 변한다

'나' 혹은 생각에 사로잡혀 있으면
매사가 그 틀 안에서만 보인다

떠내려가면 새로운 자신을 발견하거나
시야가 넓어진다

그것은 '지금까지 돈에 대한 판단이 옳지 않았다'고 하는 결과이다. 그렇다면 '나' 혹은 미숙할지도 모르는 생각을 버리고, 성공한 사람의 사고방식이나 판단을 순순히 흡수한 후 행동하는 편이 바른 결과로 연결될 확률이 높다고 할 수 있다. 이러한 행동을 할 수 있는 힘을 나는 '떠내려가는 힘'이라고 부른다.

자신의 지금까지의 경험은 쌓이고 쌓여 자신의 '상식'이 되었다. 그러나 상식은 사람에 따라 다르다. 일본에서는 식사할 때 그릇을 들고 먹지 않으면 실례이다. 한편 한국에서는 그릇을 들지 않고 상위에 둔 채로 먹는 것이 예의가 바른 행동이다. 즉, 일본의 상식이 세계의 상식은 아닌 것이다.

비즈니스에 있어서도 '메일을 보내는 것은 실례라고 생각해서 전화했습니다'라는 사람이 가끔 있는데, 바쁜 사람, 전화를 좋아하지 않는 사람에게 있어서는 예의라고 생각한 부분이 오히려 실례에 해당한다. 자신의 상식이 반드시 다른 사람의 상식은 아니다. 이것을 확실히 자각하면 '나'를 버릴 수 있다.

나는 일의 특성상 지금까지 많은 경영자를 만나 보았다. 그중 세계에서 '카리스마 경영자'라고 불리며 '나'가 강한 이미지임에도 불구하고 실제로는 놀랄 정도로 '떠내려가는 힘'이 높은 사람이 적지 않았다. 신뢰하는 상대에게 조언을 받으면 다음 날 꼭 실행해 본다. 상품이나 레스토랑을 추천받으면 10초 후에 스마트폰으로 상품을 주문한다. 수첩을 열어 스케줄을 확인한 후 비어 있는 시간에 레스토랑을 예약한다. 여기에 '나'는 존재하지 않는다.

이러한 '떠내려가는 힘'의 효용은 상상 이상으로 크다. 왜냐하면 즉시 실행에 옮기는 것으로, 점점 새로운 경험을 쌓고 성장할 수 있기 때문이다. 가령 해 봤더니 생각한 정도는 아니었다고 하더라도 그것 자체가 훌륭한 경험으로 자신 안에 남는다.

또한 '떠내려가는 힘'이 있으면 있을수록 주위 사람들에게 총애를 얻기 쉽다. 실행에 옮기지 않는 사람에게는 언젠가는 아무도 조언을 해주지 않게 되지만 바로 실행하는 사람은 누구라도 기쁘게 해준다. '또 좋은 정보가 있으면 알려줘야지'라고 생각하는 것이 사람의 심리이다. 애초에 누군가가 조언을 해 준다는 것은 유한한 자신의 '시간'을 당신을 위해서 사용해 준다는 것이다. 그 상대가 그 분야에서 당신보다 STAGE가 높은 사람이라면 그 시간 단가도 당신보다 높을 것이다. 그것을 허비하는 것은 자신에게 도움이 되지 않을 뿐만 아니라 상대에 대해서도 실례되는 행위이다. '떠내려가는 힘' 없이는 자신보다 STAGE가 높은 상대와의 신뢰관계는 생기지 않을 것이다.

산의 정상에서는
아래가 전부 보인다

자신이 경험하고 싶은 것이나 벽에 부딪혀 쩔쩔매고 있는 것의 대부분은 세상의 누군가가 이미 경험한 것이다.

'영어회화가 좀처럼 늘지 않는다'라고 고민한다면, 거기에 대해 고민하고 있는 사람은 당신뿐만이 아니다. 국내, 아니 세계에서 몇백만 명이 같은 고민을 하고, 그중 일부는 이미 답을 알아냈다. 시험 삼아 인터넷 검색 화면에 '영어회화 잘 하는 방법'으로 검색해보자. 거기에는 셀 수 없이 많은 당신과 같은 고민과 시행착오의 흔적이 있을 것이다.

'언젠가는 해외로 유학 가고 싶다', '상사와 맞지 않아 고민하고 있다', '아이를 명문대에 보내고 싶다', '부모의 요양 문제로 고민하고 있다', '개인전을 열고 싶다', '좀처럼 다이어트에 성공하지 못한다',

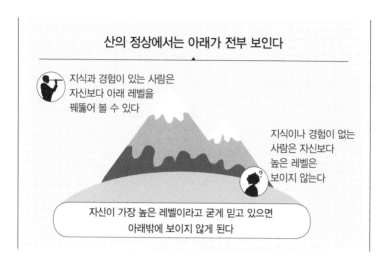

산의 정상에서는 아래가 전부 보인다

지식과 경험이 있는 사람은 자신보다 아래 레벨을 꿰뚫어 볼 수 있다

지식이나 경험이 없는 사람은 자신보다 높은 레벨은 보이지 않는다

자신이 가장 높은 레벨이라고 굳게 믿고 있으면 아래밖에 보이지 않게 된다

'패러글라이더에 도전하고 싶다', '꽃가루 알레르기가 매년 심해지고 있다' - 꿈도 고민도 사람에 따라 천차만별일 것이다. 하지만 대부분의 경우 넓은 세계 가운데 누군가는 이미 경험을 했고 답을 가지고 있다.

돈에 대해서는 더욱 그렇다. 일본만 해도 1억 2,000만의 거의 모든 사람이 매일 돈이라는 것과 행동을 같이하고 있다. 여기서 경험치의 축적은 다른 것과 비교가 되지 않는다. 대부분 돈에 대한 고민이나 불안에 대한 대답은 당신이 모를 뿐 이미 '존재'한다.

그리고 재미있게도 지금 당신은 자신보다 높은 STAGE의 세계가 보이지 않아도 STAGE가 높은 사람은 자신보다 낮은 STAGE에 관한 것은 모두 보인다.

7살 아이가 아무리 못된 꾀를 부려도 부모는 모두 꿰뚫어 보고 있다. '좀처럼 취직이 되지 않는다'라고 고민하고 있는 대학생에게 어떤 문제가 있는지 30세의 회사원이 보면 바로 알 수 있다. 당신의 사고방식이나 행동의 문제가 어디에 있는지, 어떻게 바꾸면 한 단계 높은 STAGE로 올라갈 수 있는지를 산의 정상에서는 아래가 전부 보이는 것처럼 STAGE가 높은 사람은 모든 것을 꿰뚫어 볼 수 있는 것이다.

STAGE에
'사고 신탁'을 한다

이처럼 이미 결과를 낸 사람의 사고방식과 행동을 모방하는 것으로 우회하지 않고 단기간에 성장할 수 있는 방법을 나는 '사고 신탁'이라고 부른다.

어학사전에 의하면 '신탁'이란 '신용하여 맡기는 것'을 의미한다. 에베레스트에 오르고 싶다면 에베레스트 등정에 성공한 경험이 있는 사람에게 물어보는 것이 제일 좋다. 창업하여 독립하고 싶다면 창업하여 사업을 성장시키고 있는 사람에게 묻는 것이 확실하다. 왜냐하면 그것이 가장 빨리 목적지에 도착하는 방법이기 때문이다.

그럼 돈의 교양을 높여 돈의 고민에서 해방되고 싶다면 어떻게 하면 좋을까? 이미 그것을 경험하여 결과를 내는 사람에게 묻는 것이 가장 빠른 방법이라는 것을 알았을 것이다. 하지만 당신 주위에 신용할 수 있고 그대로 모방하고 싶은 성공한 사람이 있으면 좋겠지만 찾기 쉽지 않고, 우연히 주위에 그런 사람이 있어도 그 사람이 당신에게 그 성공에의 길을 성실하게 가르쳐 준다는 상황은 보통 운이 좋지 않은 이상 없을 것이다. 그런 경우 성공할 수 있는 방법론을 보편적인 원리원칙으로 정리한 '돈의 교양 STAGE'가 있으면 그것이 안내서가 되어 당신이 해야 할 과제가 보일 것이고 그것이 당신의 답이 될 것이다.

성공한 사람과 똑같이 행동하면 최종적으로 당신도 같은 결과를 얻을 수 있을 것이다.

이 말은 『백만불짜리 습관』의 저자인 브라이언 트레이시 Brian Tracy 의 말이다.

'나'를 버리고 떠내려가면 상상한 것보다도 빠른 속도로 다음 STAGE에 갈 수 있다. 그 결과 자신이 몰랐던 매력적인 사람과 만날 기회를 얻게 되고 새로운 세계를 볼 수 있을 것이다.

정보를 바르게
다룰 수 있는 힘

'떠내려가는 힘'과 병행하여 돈의 교양 STAGE를 높이기 위해 꼭 필요한 것이 '정보를 바르게 다룰 수 있는 힘'이다.

우리가 사물을 정확하게 판단하기 위해서는 반드시 판단 재료로서 '정보'가 필요하다. 그 정보를 바르게 취급할 수 없으면 바른 판단도 내릴 수 없다. 보다 정확도가 높은 판단을 내리고 성과를 내기 위해서는 정확한 정보의 사용법을 익혀야 한다. 그를 위해서 의식해야 하는 것이 사람들에게 듣는 정보에는 '사실'과 '의견'이 있다는 것이다.

바른 정보는 100% 받아들여야 한다. 그러나 그렇지 않은 것은 어디까지나 상대의 의견이자 상대의 주관이라고 필터로 걸러 받아들여야 한다. 이것이 중요하다. '향상될 것으로 생각한다', '수요가 없다', '여성에게 인기다', '맛있다'. 이러한 사람의 생각이 들어간 정보, 감각에 근거한 정보에 대해서는 그것을 뒷받침할 논거나 숫자적 근거를 확인하는 습관을 들여야 한다. '누구누구가 ○○라고 말했다'라는 말도 언뜻 듣기에는 사실처럼 들릴지도 모르지만 전하는 사람의 필터가 끼워져 있다. 상대의 말을 요약하거나 알기 쉽게 말을 보충하는 단계에서 무의식적이지만 반드시 전언자의 주관이 들어간다. 마치 정말인 것처럼 말해도 전언은 100% 사실이 될 수 없다는 것을 명심하자.

같은 의견이라도 어떤 기술과 경험을 가진 사람이 말하는가도 중요하다. 별 세 개의 프렌치 레스토랑의 셰프가 "파리에 맛있는 프렌치 레스토랑이 있어요"라고 말했다면 본인이 직접 파리에 가서 확인했든, 주위에서 들었든, 그것은 몹시 레벨이 높은 '의견'일 것이다. 한편 시골 출신으로 시골 음식이라면 누구나 입맛을 다실 정도지만, 한 번도 해외에 나가본 적 없는 아줌마가 "파리에 맛있는 프렌치 레스토랑이 있어요"라고 한다면 그 정보의 정확성은 높지 않다. 본인이 파리에 가서 확인한 것도 아닐 테고 어디서 얻은 정보인지도 모른다. 아마도 잡지나 텔레비전에서 얻은 일반적인 정보일 것이다.

한편 아줌마가 "밥물을 손등에 올 정도 넣고 장작불로 밥을 하면 맛있어요"라고 하는 '의견'을 말했다면 그것은 몹시 레벨이 높은 의견이다. 한편 별 세 개 프렌치 레스토랑의 셰프가 "밥물을 손등에 올 정도 넣고 장작불로 밥을 하면 맛있어요"라고 말해도 애초에 밥을 하는 일이 적은 프렌치 셰프의 의견은 아마추어의 의견과 큰 차이가 없다.

사람은 누구나 주위 사람보다 많은 경험과 높은 기술로 잘하는 분야가 있다. 그 분야를 요리라고 가정하면 프랑스 요리부터 시골의 전통 음식까지 폭넓다. 그중에서 그 사람이 잘하는 분야를 분명히 파악하여 STAGE가 높은 부분에 대한 의견에만 귀를 기울인다.

즉 부분적인 '사고 신탁'을 하면 정보를 근거로 내린 판단의 정확도
는 높아진다.

　말뿐 아니라 실제로 행동하여 결과를 내는 사람, 즉 말, 행동, 결
과가 일치하는 사람의 말이라면 그것이 의견이든 사실이든 정보로
서 유익하다. 그러나 그렇지 않은 사람, 즉 결과를 내지 않는 사람의
의견은 들을 만하지 않다. 정보를 취급할 때는 어떤 결과를 낸 사람
이 한 말인가, 그 말이 의견인가 사실인가 하고 한 번 필터로 걸러내
는 것을 습관화해야 한다. 정보와 판단의 정확도가 높아지면 당신
의 성장곡선은 위를 향해서 크게 뻗어 나갈 것이다.

분산에서 집중,
그리고 다시 분산으로

자산운용의 세계에서 가장 기본적인 성공법칙이 '분산투자'이다.
그러나 분산투자만을 하면 자산은 조금씩 늘지 모르지만, 인생에
서 극적인 변화를 가져올 정도는 아니다.

　왜냐하면 분산투자는 리스크를 분산할 수 있지만 돌아오는 이익
도 분산되기 때문이다. 분산투자는 '크게 이기기 위한' 방법이 아니
라 '크게 지지 않기 위한' 방법이다. 따라서 언제까지나 분산투자를
해서는 자산이 크게 늘지 않을 것이다. 애써 시간을 들여 지식을 얻

어 리스크를 지고 자산운용을 하는데 결국 전체를 보면 거의 변화가 없다. 운동에 비유하면 알기 쉽다. 야구, 축구, 테니스, 아이스 스케이트, 탁구, 수영 등 모든 운동에 있어서 프로인 사람은 없다. 어린 시절부터 여러 운동을 경험한 후 그중에서 탁구에 재능을 보이면 탁구에 돈과 시간, 지식, 경험 등을 집중시켜 톱이 되고 성공하게 되는 것이다.

분산투자를 하는 것이 의미 없다는 말이 아니다. STAGE 2의 단계라면 지식을 습득하는 것과 동시에 보유자금 10%로 여러 종류의 금융상품에 분산투자하여 시험해 보는 것을 권한다. 그러는 가운데 시행착오를 겪으면서 자신에게 맞고 흥미를 느끼는 미래의 '전문 분야'를 찾아가야 한다.

잘하는 분야를 찾았다면 그 분야에 지식과 시간과 돈을 집중해 간다. 자신이 일하여 얻는 수입과 필적할 정도의 성과를 낼 수 있게 되면 STAGE 4이다. 자산운용에 의해 '조금 늘었다'고 하는 단계를 넘어 시간과 돈에 얽매이지 않은 인생을 보낼 수 있게 되는 것이다. 그리고 자신이 일하지 않아도 생활할 수 있을 만큼의 자산과 거기에서 수입을 얻을 수 있는 구조를 만들 수 있으면 진정한 의미에서 분산투자가 필요한 단계가 온다.

STAGE 5가 되면 스톡 수입과 적은 시간으로 많은 수입을 얻을 수 있기 때문에 그 이상 적극적으로 자산운용을 하지 않아도 충분히 돈은 늘어간다. 따라서 STAGE 5에서는 일류 전문가의 의견을 들으면서 분산투자에 의해 적절한 포트폴리오를 구축하여 자산을 유지관리해 간다. 분산투자의 진면목은 수십억 단위의 자산을 가진 사람이 자신의 자산을 축내지 않기 위해 하는 것에 있다.

이러한 사고방식이 유효한 것은 자산운용에 한정된 이야기가 아니다. 일도 취미도 자신에 대한 투자도 모두 마찬가지다. STAGE 1~2의 낮은 단계에서는 분산하여 폭넓게 경험한다. 그리고 거기에서 좋아하고 잘하는 분야를 찾아내 STAGE 3~4에서 시간과 지식과 돈을 집중시켜 간다. 이 시프트 체인지를 의식하면서 STAGE를 높여간다.

B/S와 P/L을 생각하면서
STAGE를 높인다

B/S(대차대조표)나 P/L(손익계산서)라고 하면 일반적으로는 일에서 신규 거래를 개시할 때나 주식투자에서 상품 선택을 할 때 업적을 확인하기 위해 사용하는 것이라는 이미지를 가지고 있는 사람이 대부분일 것이다. 그러나 이것들은 돈의 교양 STAGE를 높이기 위해 이미지 트레이닝에 안성맞춤이다.

B/S나 P/L이 본질적으로 나타내는 것은 단순한 손익이나 자산·부채의 상황이 아니다. 더욱 입체적이고 더욱 인간적인 자신과 상

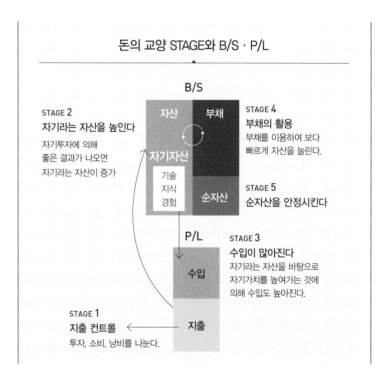

돈의 교양 STAGE와 B/S · P/L

B/S

STAGE 2
자기라는 자산을 높인다
자기투자에 의해
좋은 결과가 나오면
자기라는 자산이 증가

자산 부채

자기자산
기술
지식
경험

순자산

STAGE 4
부채의 활용
부채를 이용하여 보다
빠르게 자산을 늘린다.

STAGE 5
순자산을 안정시킨다

P/L

STAGE 3
수입이 많아진다
자기라는 자산을 바탕으로
자기가치를 높여가는 것에
의해 수입도 높아진다.

수입

STAGE 1
지출 컨트롤
투자, 소비, 낭비를 나눈다.

지출

대의 신용 상태이다. 이를 바탕으로 B/S와 P/L을 보면 이것들은
'어떻게 하면 돈의 교양 STAGE를 높일까'라는 방법론을 생각할 때
시사하는 바가 크다.

위의 표를 보면서 순서대로 확인해 가자.

STAGE 1에서 STAGE 2로 올라가기 위해서는 우선 지출의 컨
트롤부터 시작한다. 낭비를 줄이고 소비를 효율화하여 조금이라
도 많은 금액을 자기투자로 돌린다. 이것이 가능하게 되면 비로소

STAGE 1의 나쁜 소용돌이에서 빠져나오기 위한 문이 열린다. 모든 것은 여기에서 시작된다.

생활비 일부를 자기투자로 돌릴 돈이 마련되면 STAGE 1에서 2로 올라가기 시작한다. 자기투자에 의해 당신의 B/S에는 기술과 지식, 경험이라는 '자기라는 자산'이 축적된다. 그것은 눈에 보이지 않을지도 모르지만 미래를 위한 돈으로 살 수 없는 '자산'이다.

자기라는 자산의 가치가 높아진다는 것은 당신이 사회에 대해 제공할 수 있는 가치가 높아진다는 것과 같은 의미이다. 가치가 높아지면 직장인으로서 일하든 독립·창업하여 일하든 당신의 '단가'는 올라간다. 즉, 노동에 의한 수입은 높아진다. 이것을 축적해 가면 STAGE 3에 도달한다.

돈의 교양 STAGE를 STAGE 3까지 올렸다면 새로운 선택지로서 B/S의 오른쪽에 있는 부채의 힘을 전략적으로 활용하자.

부채의 힘을 활용한다는 것은 주택 융자를 내서 내 집을 구매한다는 표면적인 이야기가 아니다. 여기서 목적은 부채를 효과적으로 활용하여 순자산을 늘리는 속도를 가속화 시키는 데 있다. 은행에서 융자를 받아 수익 물건을 구매한다. 비즈니스에 있어서는 부채로 자산을 조달하거나 M&A나 헤드헌팅을 하여 다른 사람의 지식이나 기술, 노하우를 손에 넣어 성장의 스피드를 높이는 등 방법은 여러 가지 있을 것이다.

P/L에서의 '지출'도 B/S에서의 '부채'도 일반적인 마이너스 요소

라고 생각하기 쉬운데 이것을 일부러 활용하는 것은 몸을 단련하여 성장시키기 위한 굴신^{屈伸}같은 것이다. 돈의 교양 STAGE가 낮은 단계에서 즉흥적으로 지출을 하거나 빚을 내거나 하는 것은 결코 좋은 결과를 내지 않지만 STAGE가 3이상이면 부채에 대해서도 무엇이 좋고 무엇이 나쁜지 바른 판단을 할 수 있게 된다.

이러한 굴신을 반복하면 서서히 근육이 생겨 부채를 보다 안전하게 컨트롤 할 수 있는 능력이 높아진다. 동시에 순자산의 증가 속도도 가속화해 간다. STAGE 4는 지금까지 비례하여 늘어난 순자산 금액이 크게 늘기 시작하는 STAGE라고 할 수 있다. 흔히 말하는 '레버리지 효과'이다.

이러한 부채의 힘을 빌려 눈덩이처럼 순자산을 늘려가면 STAGE 5가 보인다. STAGE 5에 도달하여 이 이상 순자산을 늘릴 필요가 없다고 느끼는 단계까지 오면, 마지막은 그것을 분산투자에 의해 안정시키는 것에 의의를 두자. 돈의 교양 7가지 요소 중에서 6번째 유지관리 기술이 가장 중요해질 때이다.

그렇지만 이 STAGE에 도달하면 기본적으로 늘리는 것을 의식하지 않고 내버려 둬도 순자산은 늘어간다. 그 이유는 두 가지 있다. 첫 번째는 그때까지 축적된 부채를 활용하여 투자에 의해 자산이 늘어가는 구조가 만들어져 있기 때문이다. 또한 어떻게 하면 리스크를 피할 수 있느냐의 감각과 경험치가 연마되어 있기 때문에 비록 부채액이 STAGE 2나 3인 사람의 몇십 배, 몇백 배라고 해도 오히려 종합적으로는 리스크를 적게 만드는 것이 STAGE 5인 사람들이다.

그리고 또 하나는 지금까지 돈의 교양 STAGE를 높여 온 과정에서 당신의 '자기라는 자산'이 최대한 높아졌기 때문이다. 자신에게 하는 투자는 애초에 손실이라는 개념이 없다. 투자하면 할수록 자신이라는 자산은 늘어갈 뿐 줄어들지는 않는다. STAGE 5가 되면 사회적 신용도 심리적 신용도 매우 높아져 있다. 또한 자기라는 자산의 축적으로 일상생활에서 판단의 정확도가 높아져 있고, 신뢰할 수 있는 사람들에게 둘러싸여 있기 때문에 의식하지 않아도 모든 것이 선순환한다.

STAGE와
시간의 관계

젊어서 죽는 사람도 있고 90세, 100세까지 건강하게 인생을 구가하다가 편안히 죽는 사람 등 인생이 길이는 사람마다 다르다. 하루의 길이도, 인생의 길이도 스스로 제어하지 못한다. 눈에 보이는 것은 아니지만 시간은 모두 자신에게 있어서 소중한 자산이다. 태어나서부터 목숨이 다할 때까지 자신이 '가진 시간'이 있고, 가지고 있는 시간이 어느 정도 남았는지 누구도 정확히는 알 수 없다.

저자의 졸저『타임 디자인(タイムデザイン)』에서도 썼는데, 우리가 자유롭고 행복하게 살기 위해서는 돈과 시간이라는 유형, 무형의 두 가지 자산과 어떤 관계를 만들어 가는 지가 중요한 열쇠이다.

돈의 교양 STAGE가 높아지면 거기에 비례하여 돈이 모이고, 돈을 쓰거나 불리는 일을 잘하게 된다. 동시에 돈의 교양 STAGE가 높아져 돈에 여유가 생길수록 '다른 사람의 시간'을 쓸 수 있게 된다. 집 청소나 정원 관리, 영어회화 일대일 레슨 등이 알기 쉬운 예이다. 확정 신고도 세무사에게 의뢰하면 자신이 영수증을 노려보며 계산기를 두드릴 필요도 없다.

택시를 타면 이동 시간을 줄일 수 있고 비싼 집세를 내면 출퇴근 시간을 단축할 수 있다. 요즘에는 테마파크에서도 돈을 더 많이 지급하면 대기 시간이 적은 특별한 티켓을 팔고 있다. 항공회사의 프리미엄 회원이 되면 공항의 체크인 카운터나 보안검사장에 줄 설 필요도 없다. 맡긴 슈트케이스도 도착하면 먼저 받는다. 이렇게 돈이 있으면 시간에 여유가 생기고, 자유로운 시간이 생기면 장소의 구속도 느슨해진다. 새로운 문화나 새로운 세계를 접할 기회를 많이 얻게 되어 사고의 폭이 넓어지고 거기에서 미래의 수익도 생긴다는 '행복한 순환'이 발생하는 것이다.

돈의 교양 STAGE가 높아진다는 것은 인간에게 평등하게 주어지는 '시간'이라는 무형 자산과 더욱 좋은 관계를 쌓아가는 것이기도 하다.

없는 것 투성이인 노후와
모든 것이 갖춰진 노후

베스트셀러가 된 후지타 다카노리의 『하류노인下流老人』에서 언급했듯이 '노후'는 허리띠를 졸라매고 공적연금에 의존하여 고독한 생활을 하는 사람도 있고, 수천만 원의 입주금을 지급하고, 전문 영양사가 관리하는 식단에 따른 삼시 세끼의 건강식부터 의료, 간호까지 온갖 것이 갖춰진 유료 실버타운의 개인실에서 유유자적하게 생활하는 사람도 있다.

없는 것 투성이인 노후와 모든 것이 갖춰진 노후. 지금까지의 인생에서 시간 사용법이 이런 차이를 만드는 데 커다란 영향을 준다.

초등학생 시절은 반마다 담임선생님으로부터 무슨 요일에 무슨 과목을 배울지에 대한 시간표가 정해졌다. 주말에 어디에 가서 무엇을 하느냐는 부모가 결정권을 가지고 있었다. 중학생, 고등학생, 대학생으로 학년이 올라감에 따라 동아리 활동이나 방학 보내는 법 등 자신이 정하는 폭이 넓어져 간다. 사회인이 되면 시간에 더해서 돈의 자유도도 높아지기 때문에 선택지는 단숨에 넓어진다. 물론 상사나 선배로부터 지시받은 일도 있겠지만, 그것을 효과적으로 처리하여 자신의 시간을 만들어 내고, 그 시간을 어떻게 사용할지는 자신에게 달려있다. 말하자면 가처분 소득과 함께 인생 가운데 가처분 시간이 단번에 늘어나는 것이 이 시기이다.

여기에서 자신에게 주어진 가처분 시간을 어떻게 사용하느냐는 자신에게 주어진 시간이라는 '자산'의 사용법에 따라 미래 돈의 교양 STAGE에 차이가 발생한다. 그리고 그 차이는 최종적으로 '노후'의 차이와 연결되어 나타난다.

현역 시절에 가처분 시간을 유효하게 활용하지 못하고 멍하니 텔레비전이나 인터넷을 보거나 회사 동료, 친구와 불평, 소문, 연예인 이야기를 하며 지낸 사람은 결과적으로 수입은 늘어나지 않는다. 그것에 비례하여 노후에 받을 수 있는 공적연금도 늘어나지 않기 때문에 '얼마나 절약하며 생활하느냐'가 노후의 최대의 관심사가 된다. 필연적으로 행동 범위는 집주변이 된다. 그리고 매일매일 체력이 떨어지는 자신을 보면서 남은 시간을 보낼 수밖에 없는 것이다.

한편 현역 시절부터 가처분 시간을 유효하게 활용하여 자기투자에 힘쓰고 수입을 늘려온 사람은 노후의 생활에서도 금전적 불안이 적다. 꾸준한 운동과 건강한 식사 등 건강에 투자할 수 있으면 노후에 남겨진 시간 가운데 건강하게 지낼 수 있는 시간도 길어질 것이다.

계획적으로 돈을 저축하고 자산운용도 하고 있다면 공적연금 이외에 자산운용에 의한 수입도 얻을 수 있다. 여유자금이 있으면 현역 시절에 할 수 없었던 세계일주도 할 수 있고 지금까지의 경험을 활용하여 자원봉사 등 사회 공헌에 힘쓸 수도 있다.

때때로 '노후에 좋아하는 일을 해야지', '퇴직금을 받으면 자산운용을 해야지' 등 하고 싶은 것, 흥미가 있는 것을 시작하는 시기를 노후에 맞추는 사람이 있는데 이러한 미루는 버릇이 있는 사람은 대체로 돈의 STAGE가 올라가지 않는다.

예를 들어 자금운용을 한다고 해도 퇴직금을 밑천으로 시작하기보다는 20대, 30대 무렵부터 경험을 쌓아가는 편이 자금도 기술도 훨씬 높아져 있을 것이다. 무엇보다 이러한 미루는 버릇은 나이가 들수록 더해간다. 그리고 노후가 되어도 고쳐지지 않은 채, 더욱 미루기만 하다가 70세, 80세 나이를 먹어간다.

돈의 교양 STAGE에 의한 생활의 차이는 노후에 가장 커다란 차이가 되어 드러날 것이다. 그리고 이 차이를 만들어내는 것은 지금 당신 눈앞에 있는 '가처분 시간'의 사용법이다.

생애 예산 제약에
얽매이지 않는 인생을 향하여

당신이 현상 공모에 당첨되었다고 하자. 무려 상금이 1,000만 원이다. 그때 현상 공모 주최자로부터 제안이 하나 있었다.

"당신에게 선택권이 있소. 하나는 그대로 아무것도 하지 않고 상금을 가지고 돌아가는 것이고, 또 하나는 상자 안의 구슬을 뽑는 것이오. 이 상자 안에는 빨간 구슬이 5개, 파란 구슬이 5개 들어 있소.

만약 당신이 빨간 구슬을 꺼내면 1,000만 원을 더해 주겠소. 그렇지만 파란 구슬을 꺼내면 당첨금 1,000만 원도 몰수하겠소."

자, 당신은 승부를 겨룰 것인가? 아니면 확실히 1,000만 원을 가지고 돌아가는 편을 택할 것인가?

결과부터 말하면 이 경우 계산상의 기대치는 두 쪽 모두 같은 금액인 1,000만 원이다. 그런데도 불구하고 많은 사람은 승부를 겨루지 않고 그대로 1,000만 원을 가지고 돌아가는 편을 선택한다. 왜냐하면 인간은 눈앞에 확실한 이익이 있으면 예를 들어 돈 액수가 올라갈 가능성이 있다 하더라도 '이익이 손에 들어오지 않는' 리스크 회피를 우선하기 때문이다. 이것은 행동 파이낸스에 의해 실증되었다.

이것은 인생에서도 마찬가지다. 많은 사람은 수입과 소비의 증감이 심한 인생보다도 비록 크게 돈이 많아지는 일이 없어도 안정적인 수입을 얻는 인생을 좋아한다. 공무원이라는 직업이 부동의 인기를 자랑하는 것도 이러한 이유일 것이다. 주택담보 대출을 받을 때도 장기 고정 금리의 주택담보 대출을 받는 것으로 안심감을 얻는 사람이 적지 않을 것이다.

우리는 이러한 안정지향과 리스크 회피 지향이 강하기 때문에 너무나도 안이하게 인생이 달라질 기회를 잃고 있지는 않은가 한다. 파이낸셜 플래너나 보험 판매원이 만든 라이프 플랜 시뮬레이션도 '리스크를 회피하고 인생을 사고없이 보낸다', '인생에서 필요한 비용의 총액을 계산하여 인생이 끝날 때까지 부족하지 않게 한다' 라는 것이 올바른 라이프 플랜으로 여기고 목표를 설정한다.

그리고 생애 예산 중에서 적정하게 배분하여 '매월 지출은 350만 원 이하로 제한합시다', '노후를 위해 매월 40만 원의 적금이 필요합니다' 등 꿈을 이루거나 리스크를 지고 도전하는 등의 가능성을 제거해 버린다. 애써 노력하여 번 돈도 미리 시뮬레이션 된 인생 전체의 예산 내에서 꾸려가기 위해서만 사용할 수 있게 된다.

이것은 어떤 의미에서 어쩔 수 없는 일이다. 왜냐하면 많은 라이프 플랜을 세우는 파이낸셜 플래너나 보험 판매원이 STAGE 2, 높아봐야 STAGE 3이기 때문에 그 이상의 STAGE의 세계는 보이지 않는다. 때문에 자신에게 보이지 않는 세계를 당신에게 보여주는 것은 불가능하다.

그러나 인생은 한 번뿐이다. 적어도 이 책을 여기까지 읽은 당신이라면, '리스크를 회피하고 인생을 사고 없이 보낸다', '노후까지 필요한 비용의 총액을 계산하여 인생이 끝날 때까지 부족하지 않게 할 거야' 등이 인생의 본래 목표는 아닐 것이다.

초등학생과 중학생에게 인생의 꿈을 물어보면 이러한 리스크 회피 지향이 앞선 대답은 하지 않을 것이다. 그런데도 사회에 나와 현실을 알게 되면 사람은 언제나 '아무 사고 없이 하루하루를 보내고 있으니 그 이상 바라는 것은 사치일 거야'라는 가치관에 사로잡혀 간다.

지금 돈의 교양 STAGE가 아무리 높은 사람이라도 STAGE 2에서 시작한 사람들이 많다. 그리고 그들은 끝없는 성장의욕으로 STAGE를 높이고 경제적, 심리적 자유를 손에 넣었다. 같은 일을 당신이 하지 못할 이유는 어디에도 없다.

　'생애 예산 제약'에서 자신을 해방시키자. 그리고 작은 일에서 커다란 일까지 하고 싶은 일을 모두 이루는 인생을 지향하자. 이를 위해서는 돈의 교양 STAGE를 높여야 한다. 이것이 '자신의 인생에 만족감이 부족하다'라는 인생 최대의 리스크를 제거하는 것이 되어 경제적으로도 심리적으로도 풍성한 인생으로 인도할 것이다.

　자신 인생의 연출가는 바로 자기 자신이다. 그렇기 때문에 목표한 곳으로 갈 때까지 자신 인생의 STAGE(무대)를 빛나게 하자.

돈　이　란
무　엇　인　가

제6장

돈과
인격

돈은 당신을 비추는 거울이다.
당신의 돈 사용법을 보면
당신의 인격 자체가 보인다.
그러나 더욱 그 사람의 본질이
현저하게 나타내는 것이
'다른 사람의 돈' 사용법이다.
다른 사람의 돈을 사용하여
뭔가를 하는 경우야말로,
그 사람의 진정한 인격이
드러난다고 해도 과언이 아니다.

① 돈이 곧 인격이다

1858년 영국의 작가 새뮤얼 스마일스^{Samuel}
Smiles가 저술한 명저 『자조론』에 돈에 대한 중요한 것이 쓰여 있다.

'돈은 인격이다'
인간의 훌륭한 자질 중 몇 가지는
돈의 바른 사용법과 밀접한 관계가 있다.
관용, 성실, 자기희생 등은 물론
검약이나 미래에 대한 배려 같은 현실적인 미덕조차
돈과는 끊으래야 끊을 수 없는 사이이다.

시인 헨리 테일러^{Henry Taylor}도 그의 명저 『인생 노트』에서 다음과
같이 말했다.

돈벌이하는 방법이나 저축, 지출, 금전의 수수, 빌리고 빌려줌, 재산 증여 등이 정당하게 이루어져 있는가를 살펴보면 그 사람 인격의 완성도도 어느 정도 짐작할 수 있다.

즉, 돈과 신용은 밀접한 관계에 있을 뿐만 아니라, 돈의 결과인 수입이나 날마다 돈을 다루는 법을 보면 그 사람이 어떤 사람인가까지 알게 된다는 것이다. 그 사람이 돈을 다루는 법은 어떤 말보다도 의심할 나위 없이 그 사람의 인격을 나타낸다.

일본에서는 오랫동안 돈과 인격을 플러스 관계로 보기는커녕, 암암리에 '돈을 좋아하는 사람은 인격에 결함이 있다'라는 마이너스 관계의 가치관이 계승돼 왔는데 최근에 와서 겨우 변화의 조짐이 보이기 시작했다.

예를 들어 일본은행에 사무국을 둔 '금융홍보중앙위원회'에서는 금융 교육을

- 인간 형성의 토대가 되는 교육
- '살아갈 힘'을 기르는 교육

이라고 정하고, 물건과 돈을 소중히 여기고 자원의 낭비를 피하는 마음 씀씀이를 익혀, 그것을 통해 바람직한 인격 형성을 지향하는 교육을 한다는 교육 개념을 내세우고 있다. 돈에 대해서 배우는 것이 단순히 금전 감각을 익히는 것뿐만 아니라 인격 형성에도 연결되는 교육이라는 것을 분명히 말하고 있다.

돈에 대해 배울 필요가 없었던 시대에서 돈에 대해서 배우지 않으면 살기 힘든 시대로 변화하였으며, 돈은 신용의 결과이고 거기에는 인격이 나타난다는 것을 사회가 눈치를 채기 시작한 것이다.

교양 있는 돈의 사용이
인격을 만든다

　돈의 사용법에는 그 사람의 인격이 그대로 드러난다. 그렇기 때문에 돈은 교양 있게 사용해야만 한다.

　일본의 그란클래스를 이용한 적이 있는가. 그란클래스^{GranClass}는 동북 신칸센 'E5계'나 호쿠리쿠^{北陸} 신칸센 'E7계', 'W7계'에 연결된 신칸센 퍼스트 클래스이다. 고급스러운 실내에 프라이빗감이 넘치는 시트, 독서등에 가벼운 식사와 음료를 주문할 수 있는 콜버튼이 있어 비행기 퍼스트 클래스와 비교해도 손색없는 분위기인데도 요금이 그린 차(그린샤 グリーン車는 일본 국철 또는 JR의 여객열차 중 보통 차량보다 승객 1인당 점유면적이 넓고 시설이 좋아 별도의 요금을 받는 특별 차량의 명칭이다. - 역자주)보다 5만 원 정도, 보통 좌석과 비교하면 6~10만 원 정도밖에 차이가 나지 않는다.

　그 때문인지 '시험 삼아 한 번 타볼까'라는 꽃구경 손님이 많다. 그리고 무료 식사나 무료 와인 등에 기회를 놓칠세라 떼 지어 모여

다닌다. 내가 아는 돈 많은 사람은 그런 광경이 싫어서 "차액은 필요 없어"라며 도중에 그린차로 바꿨다고 했다. 그 후 그란클래스에는 타지 않는다고 한다.

이것은 비행기의 퍼스트 클래스에서는 결코 볼 수 없는 광경이다. 왜냐하면 비행기의 퍼스트 클래스는 일반적인 좌석과의 금액 차가 크다. 적어도 수십만 원, 경우에 따라서는 수백만 원의 차이가 난다. 따라서 꽃구경 손님과 같은 승객은 거의 없다. 오히려 무료 식사나 와인에는 눈길도 주지 않고 느긋하게 독서를 하거나 일을 하거나 수면을 취하거나 자신의 시간을 즐기는 사람이 많다.

돈은 당신을 비추는 거울이다. 그러나 이것은 '어떻게 사용할까?'라는 단순한 이야기가 아니다. 돈을 지급한 공간에서 교양 있는 행동을 할 수 있을 때야말로 교양 있게 돈을 사용한다고 할 수 있다.

일류 호텔의 라운지나 바. 미슐랭 스타를 받은 프렌치 레스토랑이나 초밥집. 이런 장소는 '돈을 지급하고 체험하는 것'만으로 교양 있게 돈을 사용했다고 할 수 없다. 그 공간에 어울리는 옷, 행동, 식사 매너, 술 마시는 법 그리고 교양 있는 대화. 이런 것까지 할 수 있을 때 새로운 세계가 열리고 인격이 도야된다.

교양 있게 돈을 사용하는 것은 인격을 도야하는 것에 연결된다. 인격이 도야된 사람에게는 신용이 생긴다. 신용이 있는 사람에게는 돈이 모인다. 그 돈을 교양 있게 사용하는 것에 의해 더욱 인격이 도야되고 신용이 높아진다. '돈의 교양 STAGE'가 높아지면 높아질수록 자연스럽게 이런 순환이 일어나는 것이다. 이것이야말로 경제적 심리적으로 자유로운 인생을 실현하기 위한 이상적인 순환이다.

쌓을 때는 꾸준히,
떨어질 때는 한 순간

우리는 말만으로 다른 사람을 신용하지 않는다. 인간적 신용은 과거의 말, 행동, 결과의 일치가 쌓인 결과로밖에는 얻을 수 없다. 오늘 한 말, 오늘 한 행동이 미래에서 본 과거가 되어 인간적인 신용으로 쌓여서 인격으로 연결되는 것이다.

그러나 이렇게 꾸준히 쌓은 신용도 사라질 때는 한순간이다. 그것은 마치 눈사태처럼 한순간에 무너진다. 유명한 동화인 '양치기 소년과 늑대'도 그러한데 주위 사람들에게 단지 몇 번의 거짓말을 한 것으로 '신용'이라는 소중한 것을 잃어 인생이 크게 달라지게 되는 것이다.

또 신용이 떨어지는 것은 한순간이지만 신용을 한순간에 쌓는 것은 불가능하다. 돈으로 살수도 없다. 예를 들어 눈앞에 10억 원을 가지고 있는 사람이 있다고 하자. 당신과 그 사람은 처음 만난 사이이다. 그때 당신은 '10억 원을 가지고 있다'는 사실만으로 '돈은 결과야. 그러니까 10억 원 가지고 있는 이 사람은 신용할 만해. 훌륭

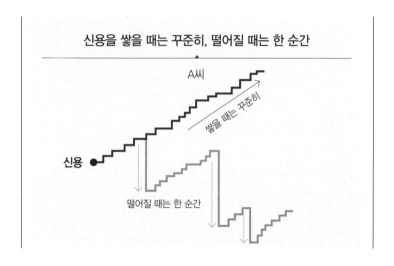

신용을 쌓을 때는 꾸준히, 떨어질 때는 한 순간

A씨

쌓을 때는 꾸준히

신용

떨어질 때는 한 순간

한 인격의 소유자야'라고 생각할까? 나라면 그렇게 생각하지 않을 것이다. 여러 번 만나 이야기를 듣고 그 사람의 행동을 보고 그리고 그 행동에 바탕을 둔 결과가 나오는가를 확인하면서 서서히 '그래서 이 사람은 이 정도의 돈을 갖게 된 거로군' 하고 수긍이 되어, 그 것이 신용으로 연결되는 것이 아닐까?

인생의 중요한 국면에서는 특히 신용이 커다란 영향을 미친다. 만일의 경우에 도움을 받는 사람은 주위 사람들에게 신용이 있는 사람이다. 신용이 낮으면 평소에는 친구가 많은 것처럼 착각하지만 곤란할 때는 사면초가에 빠져 아무도 도와주지 않는다.

금융기관에서 융자를 받을 때도 신용이 높은 사람은 저금리로 빌릴 수 있다. 즉 신용이 높으면 높을수록 꿈을 이루기 위한 돈을 저

금리로 많이 빌릴 수 있는 것이다.

당신이 오늘 지킨 작은 약속이 신용이 되고, 그 신용이 미래에서 본 과거로 쌓여 커다란 인간적 신용이 된다. 그리고 '돈'이라는 결과로서 나타난다. 이것이 신용경제의 본질이다.

우선은 5년, 눈앞의 신용을 꾸준히 쌓아가자. 단지 5년 동안 말·행동·결과를 바로잡아, 작은 신용을 꾸준히 쌓는 것만으로 당신의 신용은 5년 후에는 엄청나게 커다란 인간적 신용으로 자라 있을 것이다. 이 신용이 당신의 인생 패스포트가 되어 줄 것이다.

SNS로 신용은
세계에 공유된다

현대는 SNS(소셜 네트워크 서비스)가 발달하여 국내뿐만 아니라 해외까지도 즉시 정보가 전해지는 시대이다. SNS에 공유되어 파급되는 정보는 특별히 사진이나 문장으로 장식된 날마다의 일만이 아니다. 그것으로 미루어 짐작할 수 있는 인물에 대한 신용의 정도에 대해서도 세계 레벨에서 정보가 공유된다는 것을 의미한다. 지금은 생명보험에 가입하기 위한 심사에서도 회사의 채용시험의 선고選考에서도 SNS의 정보를 체크하는 것이 당연한 시대이다.

어떤 사건으로 당신이 지인 한 사람에게 신용을 잃었다고 하자. 특별한 일이 없는 한 당신은 그 사실을 SNS에 올리지 않을 것이다. 그러나 그 상대가 아무 생각 없이 그 사건을 SNS에 올리면 10명, 100명 단위의 사람들이 그것을 본다.

친구 관계도 그렇다. 함께 밥을 먹거나 일을 하거나 하는 것을 SNS에 올리는 사람은 적지 않다. 그러나 그 상대가 그 후 사회를 뒤흔들 정도의 사건을 일으키거나 트러블에 말려들거나 하면 어떨까. 당신 자신은 아무 짓도 하지 않았지만, 주위 사람들에게 당신의 '사람 보는 눈'에 대한 신용을 잃을 가능성이 충분히 있다.

거짓말이나 변명이 SNS에 의해 공교롭게도 들통 나는 경우도 적지 않다. 예를 들어 회사의 상사나 거래처 사람에게 갑자기 식사 초대를 받았다. 원래는 참가해야 하지만, 동창들과 식사모임이 있기 때문에 "오늘은 몸이 좋지 않아서……"라고 거짓말을 하고 거절했다. 그리고 참가한 식사 모임. 물론 당신은 상당히 얼뜨기가 아닌 이상 그 모습을 SNS에 올리지 않을 것이다. 그러나 많은 사람 중 누군가가 당신이 모르는 사이에 사진을 찍어 당신 이름까지 적어 올린 탓에, 그것을 상사나 거래처 사람이 보고 당신의 거짓말을 알아버릴 가능성이 충분히 있는 것이다.

이전이라면 기껏해야 몇 명 정도 밖에는 영향을 미치지 않는 사건이나 드러날 일 없었던 사건이 SNS의 발달에 의해 극히 간단하게 드러나고 퍼져 버리는 시대인 것이다. 그리고 슬프게도 일단 발신된 정보는 자신의 힘으로 막거나 신용을 회복하는 것은 지극히 어렵다.

사람들이 '저 사람은 신용할 수 있어'라고 생각하는 것과 '저 사람은 신용할 수 없어'라고 생각하는 것은 당신의 인생에 천지차이를 만들어낸다. 그리고 사람들이 믿을 만한 사람이라고 생각해 줄 때까지는 상당한 노력이 필요하지만 한 번 신용을 잃으면 그것을 회복하는 것은 몹시 어렵다.

그렇기 때문에 한 번 얻은 '신용'에는 엄청난 파워가 있다. 신용이 있으면 생활의 여러 가지 면에 있어서 편리하고 쾌적해진다. 신용이 있으면 경력을 높이기 쉽고 높은 수입을 얻기 쉽다. 신용이 있으면 마찬가지로 신용이 좋은 동료들이 다가온다.

사회는 신용을 중심으로 돌아가고 있는 것이다.

②
타인의 돈 사용법에서
인격이 드러난다

돈은 당신을 비추는 거울이다. 당신의 돈 사용법을 보면 당신의 인격 자체가 보인다. 그러나 더욱 그 사람의 본질이 현저하게 나타내는 것이 '다른 사람의 돈' 사용법이다. 오히려 자신 이외의 다른 사람의 돈을 사용하여 뭔가를 하는 경우야말로, 그 사람의 진정한 인격이 드러난다고 해도 과언이 아니다.

예를 들면 당신은 이런 식으로 돈을 사용하고 있지 않은가?

- 레스토랑에서 주문할 때 자신이 내는 경우는 '비싸서' 주문하지 않는 메뉴를 누군가가 사줄 경우 주문한다.
- 자신이 지급할 때는 남기지 않고 먹는데, 누군가가 사줄 경우에는 '남겨도 괜찮아'라고 생각한다.
- 평소 택시를 타는 경우는 가까운 역까지이지만, 누군가 택시

비를 준다고 하면 그대로 집까지 타고 간다.

- 집에서는 두루마리 화장지를 낭비하지 않도록 주의하는데, 공중 화장실이나 레스토랑에서는 필요 이상으로 사용한다.
- 집에서 충전하면 전기세가 아깝다며 일부러 회사에서 스마트폰을 충전한다.
- 회사에서 외주를 줄 때, 자신의 돈이라면 조금 더 싼 곳이 없을까 하고 찾아보는데 '회삿 돈이니까 뭐 괜찮지'라며 적당한 곳에 맡긴다.
- 흑백이나 축소 복사를 해도 충분한데도 회사 경비이므로 그다지 깊이 생각하지 않고 컬러 복사를 한다.
- 자비로 여행하는 경우에는 일찍 일어나더라도 저가 항공을 이용하는데, 출장 경비라면 당연하다는 듯 고가의 항공을 이용한다.

'다른 사람의 돈이라고 해도 회사 경비라면 누구도 손해 보지 않지 않나?'라고 생각할지도 모른다. 그러나 그것은 크게 잘못된 생각이다. 자신을 회사의 경영자라고 생각하면 알기 쉽다. 자신이 경영자라면 아무리 자금이 많다 하더라도 일부러 불필요한 경비를 지급하는 것을 좋게 생각할까? 당신 회사의 경비를 낭비한다는 것은 비록 금액이 적더라도 원래 투자에 돌려야 할 돈을 회사에서 빼앗는 것과 다름없는 것이다.

자신의 돈인가, 타인의 돈인가로 행동이 바뀐다는 것은 한 달 용돈이 3,000원인 아이가 자신의 돈이라면 절대로 사지 않는 1개 5,000원의 과자를 엄마와 함께 마트에 갔을 때는 별생각 없이 쇼핑 바구니에 던져 넣는 것과 마찬가지다.

'남편이 돈을 내주니까 가급적이면 비싼 것을 사야지', '자신의 용돈이 아니라 아내가 관리하는 생활비로 물건을 사면 이득을 본 기분이 든다'라는 것도 기본적인 사고 회로는 과자를 사는 아이와 마찬가지다.

단기적인 이득을
얻은 대신 잃은 것

이러한 행동 때문에 금액적으로는 얼마간의 '이득'을 얻을지도 모른다. 그러나 그 '이득'에 해당하는 금액을 지급한 상대는 당신 사고의 본질을 훤히 들여다보고 있다는 사실을 잊어서는 안 된다.

그것이 돈의 교양 STAGE가 높은 상대라면 더욱 그렇다. 당신이 아무리 그렇지 않은 척해도 돈의 교양 STAGE가 높은 상대라면 재미있을 정도로 손바닥 들여다보듯 모든 생각을 꿰뚫어 본다.

유아독존 사고가 훤히 들여다보여서는 도저히 신용을 쌓을 수 없다. 결과적으로 돈의 교양 STAGE가 높은 사람과 사귈 수 있는 기회도 새로운 STAGE로 올라갈 수 있는 도움을 받을 기회도 거기에서 새로운 만남이 넓어질 기회도 잃게 된다. 단기적인 '이득'과 바꿔 잃은 것은 엄청나게 크다.

자신의 돈이든 타인의 돈이든 사용법은 다르지 않다. 오히려 타인의 돈이기 때문에 쓰지 않거나 자신의 돈 이상으로 아껴가며 써야 한다. 인간적인 신용을 쌓는데, 이러한 행동은 꼭 필요하다. 금액적인 '이득'은 수십만 원, 어쩌면 수백만 원일지도 모르지만 거기서 잃은 인간적인 신용은 1,000만 원, 10억 원을 지급해도 살 수 없다.

일상생활에서 상대방의 이득을
생각하고 행동하는 사고습관을 키운다

일상생활에서의 인간관계도 노동자와 회사와의 고용관계도 우리를 둘러싼 모든 관계는 기브 앤 테이크가 아니면 그 관계는 오랫동안 지속되지 않는다.

'밥 먹으러 가면 언제나 얻어먹지만 내 수입의 몇 배나 되는 사람이니까 문제없겠지.'

'얼마 전에 커피를 얻어먹었는데, 상사한테 얻어먹는 건 당연해' 이러한 사고는 엄격히 말하면 매우 자기중심적이다. 분명 경제 사정만으로 따지면 맞는 이야기로 들리겠지만 이래서는 상대가 '기브' 할 뿐이어서 균형이 맞지 않는다. 그렇다고 해서 공평하게 다음번에는 이쪽에서 사자는 말이 아니다. 균형이 맞지 않은 채로는 조만간 관계는 유지하지 못한다. 이런 경우에는 감사의 편지를 쓰거나 열심히 일해서 성과로 보답하는 등 '돈' 이외 상대방이 이득이 될 방법으로 '테이크'하는 것으로 균형을 맞춰 가는 것이 중요하다.

얻어먹기만 하고 아무런 보답도 하지 않고 있다면 당신의 신용은 자신도 모르는 사이에 떨어질 가능성이 높다. 회사나 거래처에 '월급을 올려주지 않으면 그만둘지도 모른다'라거나 '깎아 주지 않으면 다음부터 발주하지 않을지도 모른다' 등의 흥정을 하여 적정액을 넘는 대우나 가격으로 교섭을 했다고 하자. 이것이 성공하면 당신은 '이득을 봤다'고 생각할지도 모른다. 그러나 이러한 흥정이나 교섭으로 일방적으로 이득을 보는 경우는 기본적으로는 없다. 왜냐하면 당신이 이득을 본다는 것은 상대가 손해를 본다는 것과 동의어이기 때문이다. 이쪽의 희망조건을 받아들였다는 것은 상대가 양보했다는 것이다. 양보한 측의 입장이 되어 생각하면 자명한데 이 일을 통해 상대에게 당신의 신용이 올라갈 일은 결코 없다. '억지스러운 사람이다', '자신의 사정만을 말하는 사람이다'라는 인상을 남겨 신용을 크게 잃을 가능성이 높다.

그만둔다는 것을 재료로 흥정을 하지 않아도 일에서 결과를 내면 필연적으로 월급은 올라간다. 앞에서 말했지만, 회사 차원에서 보면 이렇게 유능한 인재라면 타사에 빼앗기고 싶지 않기 때문에 가능한 스카우트나 이직의 가능성을 낮추고 싶을 것이다.

이번에 깎아 줬다면 깎아준 만큼 커다란 안건으로 거래를 부탁하는 등 양보해 준 것에 보답하는 배려도 필요할 것이다. 이처럼 종합적으로 상대의 이득을 생각하면 신용이 더해갈 것이다.

돈은 당신을 비추는 거울이다. 이것을 어떻게 취급하느냐에 따라 인간적 신용을 쌓을 수도 있고 회복할 수 없을 정도로 신용을 잃을 수도 있다. 마음 근간에 필요한 것은 '상대를 성실하게 대하는 마음', '자신이 양보하는 것으로 상대가 기분 좋아지기를 바라는 마음'이다.

'처음에는 손해를 보더라도 그것을 바탕으로 큰 이익을 얻도록 하라'라는 말이 있는 것처럼 자신의 인간적인 그릇을 키워 교섭이나 흥정으로 상대에게 이기려는 것이 아니라 상대의 이득을 생각하여 행동하는 사고 습관을 들이자. 이 사고 습관이 보이지 않는 곳에서 당신의 신용을 쌓아간다. 그리고 단기적인 교섭으로 얻었을지도 모르는 '이득'의 몇십 배, 몇백 배의 가치가 있는 것으로 모양을 바꿔 언제가 돌아온다. 이것이 신용 사회의 본질이다.

자책이
인격을 키운다

Buyer Beware.

　이것은 평소에 자신에게 타이르는 말 중 하나로 '소비자가 주의하라'라는 자기 책임 사고이다. 우리는 다른 나라에 비해 '속이는 사람이 100% 나쁘다', '속은 사람은 100% 옹호해야 한다'라는 풍조가 강하다. 그러나 어느 시대도 '타인을 속이는 사람'을 완전히 없애는 것은 불가능하다. 속이는 사람은 물론 나쁘지만, 한편 속는 우리도 잘못이 없다고 할 수 없다. 한 사람 한 사람이 지식을 가지고 바른 판단을 하는 것이 속지 않기 위한 유일한 방법이다.

　예를 들어 집을 구매했다고 하자. 살기 시작하면서 문제점을 발견했다. 문을 열었을 때 삐걱거리고 마루에는 공구를 떨어뜨린 흔적 같은 것이 나있다. 이러한 경우 '이런 상태로 팔다니 너무하다'라고 부동산에 클레임을 거는 것이 우리에게 일반적이다. 그러나 미국에서는 '거래할 때 제대로 확인하지 않은 측이 나쁘다'라는 논리가 있다. 나쁜 것은 부동산이 아니라 집이라는 고액의 물건을 구매함에도 불구하고 세부를 확인하지 않은 매입자이다. 문제점이 있다고 해도 그것은 자기 책임이라고 생각해야 한다는 것이다.

타책 사고가 버젓이 통하거나 외부에서 원조를 받는 것이 당연한 것이 되면 사람은 점점 무방비해진다. 자기책임, 즉 자책이야말로 자신을 강하게 해준다.

소비자보호가
타책 사고를 키운다

아이를 과보호하여 키우면 생활력이 결여되거나 경제적으로 자립하지 못하거나, 인내심이 없어 주위 사람들로부터 따돌림 당하기 쉽다. 이런 일은 아이들에게 한정된 일이 아니다.

최근 사전 지식 없이 보험, 상조, 금융기관에서 권하는 상품을 구매했다가 손해를 본 사람이 끊이지 않아 금융상품 거래법에 의해 엄격한 투자자 보호가 행해지고 있다.

적합성의 원칙에 근거하여 업자는 그 사람에게 맞는 상품을 권유·판매해야만 한다고 정해져 금융상품을 판매하는 측에서는 상품의 구조나 리스크·비용 등이 기재되어 있는 문서를 의무적으로 교부해야 한다.

그러나 이러한 엄격한 투자자 보호가 아이러니하게도 투자자 측의 교만한 마음을 불러일으킨다고 느끼는 것은 나뿐인가. 본래 자신의 돈을 투자하는 이상, 상품의 구조나 리스크, 시장 환경 등에 대해서는 자신이 공부하여 이해한 후 구매해야 한다. 그러나 투자자 보호라는 표어가 금융기관이 자신을 지켜주는 것 같은 착각을 일으켜, 결과로서 많은 사람을 무력한 투자자로 만들어 버린다.

금융기관 측도 법률에 따라 규제를 받으면 받을수록 투자자에게 유명무실한 대량의 문서를 교부하는 것으로 리스크를 회피하는 것에만 의식이 향해 간다. 이러한 과도한 투자자 보호가 자책 사고의 투자자와, 투자자와 감독관청으로부터의 지적을 두려워하여 아무것도 하지 못하는 금융기관을 만들어 내는 것이다.

타책 사고는 인격을 자라게 하지 못한다. 투자뿐만 아니라 모든 결과의 원인은 자신의 말과 행동에 있다. 이러한 각오로 날마다의 판단을 하는 것이 자신의 그릇을 크게 만들고 인격을 성장시킨다.

역경 중에서야말로
인격이 자란다

타책에서 자책으로 사고를 바꿀 수 있으면 살아가는 것이 편해진다. 타인은 바꿀 수 없다. 타책으로 생각하면 '왜 저 사람은 내가 생각하는 대로 움직여 주지 않는 거야'라며 바꿀 수 없는 타인을 보며 조바심이 더해지지만, 자책으로 생각하면 '자신이 바뀌면 된다'는 것을 안다.

타고난 환경은 바꿀 수 없다. 타책으로 생각하면 '왜 이렇게 가난한 집에서 태어난 거야'라고 운명을 한탄할 수밖에 없지만, 자책으로 생각하면 '이러한 역경이 있으니까, 다른 사람보다도 열심히 하는 거야'라고 운명으로 받아들인다. 그리고 그러한 역경이 있기 때문에 무슨 일에도 흔들리지 않고, 받아들이고 극복해 가는 힘을 갖게 되는 것이다. 이렇게 갖게 된 인격은 인생의 어떤 일도 헤치고 나갈 둘도 없는 보물이 된다. 평생 통용되는 인생 최대의 '무기'를 손에 넣는 것이다.

인생의 질과 크기는
'동료'로 결정된다

　　　　　　돈의 교양 STAGE는 '비슷한 친구'를 모이게
한다. 돈은 당신 자신을 비추는 거울이다. 때문에 당신이 생활 속에
서 많은 시간을 함께 보내도 서로 마음이 편하고, 즐겁게 느껴지는
상대는 많은 경우 돈의 교양 STAGE가 같거나 달라도 기껏해야 하
나 정도의 차이일 것이다.

　유유상종. 이러한 돈의 교양 STAGE가 비슷한 동료를 나는 '비
슷한 친구'라고 표현한다. 예를 들어 '밖에서 밥 먹자'라는 이야기가
나왔을 때, 패밀리 레스토랑을 좋아하는 사람도 있고 맛있는 빈티
지 와인이 있는 가게가 아니면 식사할 수 없다는 사람도 있다. 이러
한 차이의 대부분은 한마디로 말하면 돈의 교양 STAGE의 차이다.

　누구나 지하철에 탔을 때나 레스토랑에서 식사할 때 주위 사람들
의 이야기를 듣고 '품격이 없군'이라고 느끼거나, '지적인 대화를 하

는 사람들이군'이라고 느낀 경험이 있을 것이다. 대화의 내용을 귀를 기울여 듣지 않더라도 들리는 내용만으로 그들이 비슷한 친구들이라는 것도 알고 그 무리의 STAGE도 대략 짐작이 간다.

우리 몸의 뼈와 근육이 날마다 먹는 채소나 생선, 고기로부터 만들어지는 것처럼 우리의 사고방식은 좋은 점도 나쁜 점도 날마다 주위에 있는 친구나 가족으로부터 자신도 모르는 사이에 흡수하여 만들어진다. 사고방식뿐만 아니라 태도나 생활 습관 등 모든 것이 그렇다.

인격은 누구와 사귀고 누구를 모범으로 삼을까에 의해 정해진다. 깊이 사귀는 사람일수록 그 영향은 크다. 아이의 말투나 생활습관, 희로애락 등이 부모를 닮아가는 것과 같은 원리이다.

'친구를 보면 그 사람을 알 수 있다'라는 말을 자주 듣는 것처럼, 당신 주위에 있는 친구나 가족의 '평균'이 바로 당신 자신인 것이다. 즉 경제적으로도 심리적으로도 풍성한 인생을 보내기 위해서는 당신 자신이 의식적으로 돈의 교양 STAGE를 올려 주위에 있는 '비슷한 친구'를 바꿔 갈 필요가 있다는 것이다.

STAGE가 올라가면
서로에게 도움이 되는 동료를 만날 수 있다

돈의 교양 STAGE의 재미있는 점은 STAGE가 높은 사람끼리일수록 '사고방식'의 STAGE도 높기 때문에, 함께 있으면서 서로 성장해 간다는 점이다. '인격자와 사귀는 것이 만권의 책보다 낫다'라고 스마일스가 말한 것은 바로 이 때문일 것이다.

STAGE가 올라감에 따라
- 자신의 돈에만 얽매이지 않고 사회에 어떻게 돈을 쓰면 좋을지 의식하는 사람
- 소문이나 주위 사람의 이야기에 좌우되지 않고 사물의 본질을 파악하여, 바른 판단을 할 수 있는 사람
- 시간의 여유, 마음의 여유가 있는 사람
- 항상 긍정적으로 말하는 사람

이 모여들어 그런 사람들에게 둘러싸이게 된다. 다시 말하면 그런 사람들과 만나 서로 성장해 가는 동료로서의 관계를 만들고 싶으면 우선은 돈의 교양 STAGE를 높여야 한다.

때때로 다른 업종 교류나 많은 사람이 모이는 파티 등에 적극적으로 참가하여 저명인을 알게 되거나 자신에게 유리한 인맥을 개척하고자 노력하는 사람이 있는데, 인간관계는 서로 마음이 편하

고 즐겁게 느껴지지 않으면 만들어지지 않는다. 예를 들어 식사를 한 번 같이 할 수는 있지만, 지나치게 STAGE가 달라 상대가 당신과 알고 지내는 것에 메리트가 없으면 그 관계는 결코 길게 지속되지 않는다.

파트너 찾기와
돈의 교양 STAGE

연인이나 결혼 상대 등의 파트너도 그렇다. 수입이 많은 연인이나 결혼 상대를 찾기 위해 아무리 동분서주해도 자신의 돈의 STAGE가 낮다면 좀처럼 그런 상대를 만나기 어렵다. 사귀기는 더욱 어렵다. 왜냐하면 STAGE가 높은 사람은 자신보다 낮은 STAGE의 모든 일이 보이기 때문이다.

돈의 교양 STAGE는 '비슷한 친구'를 부른다. 같은 STAGE의 사람이 함께 있으면 마음이 편하다. 자신보다 낮은 STAGE의 사람보다도 조금 높은 STAGE의 사람이 함께 있으면 자극적이다.

그런 사람이 오랜 시간을 함께하는 파트너라면 더더욱 그렇다. 개개인의 취향은 차치하면, 자신의 수입에 기대거나, 생활을 의존할 것 같은 상대는 피하고자 하는 생각이 드는 것은 당연하다. 결혼하게 되면 집안 살림도 함께 꾸려가게 된다. 돈의 교양 STAGE가 낮은 상대에게 가계를 맡기는 것은 리스크가 따른다. 이러한 사고는 수입이 높은 사람일수록 뚜렷이 드러난다.

왜냐하면 수입이 높다는 결과는 그때까지 쌓아온 판단이 옳았다는 것의 증명이기 때문이다. 수입이 높기 때문에 STAGE가 높아지는 것이 아니라 STAGE가 높기 때문에 수입이 높아지는 것이다. 이러한 판단의 정확성은 파트너를 선택할 때도 유감없이 발휘된다. 아무리 겉치레의 말로 얼버무리거나 외모를 꾸며도 당신의 STAGE를 단번에 파악한다고 생각하는 편이 좋다.

만약 당신이 미래에 경제적으로 풍족한 생활을 보내고 싶고 계속 원만한 관계를 이어갈 파트너와 만나고 싶다면 우선 상대에게 뭔가를 바라는 것이 아니라 자신의 STAGE를 높이자. 남성도 여성도 좋은 파트너를 만나기 위한 지름길은 돈의 교양 STAGE를 높이는 것이다. 수입이 높은 파트너를 만나거나 저명인사를 알게 되는 등 다른 사람을 이용한다고 해도 자신의 STAGE가 높아지는 일은 없다. 자신의 노력으로 STAGE를 높이는 것 외에 달리 선택의 여지가 없다. 그렇게 STAGE가 올라간 결과 서로 성장해 가고 풍성한 시간을 함께 만들어가는 동료나 파트너를 만나게 되는 것이다.

신용의 3가지 레벨

개개인의 신용을 '돈'이라는 시점으로 본 경우, 그것은 3가지 레벨로 나눌 수 있다.

LEVEL 1 경제적 신용이 없다

LEVEL 2 경제적 신용이 있다

LEVEL 3 인간적 신용이 있다

이것은 돈의 교양 STAGE와도 깊게 연동되어 있다.

STAGE 1은 빚을 지지 않으면 생활이 되지 않거나, 신용이 없기 때문에 높은 이자를 내지 않으면 돈을 빌릴 수가 없다. 신용이 없기 때문에 몹시 생활하기 힘든 상황이라고도 할 수 있다.

STAGE 2가 되면 안정된 수입을 얻을 수 있고, 어느 정도 저축을 할 수 있게 되어 경제적 신용을 얻을 수 있다. 아마도 주택담보 대출이나 자동차 대출 등 일반적인 빚이라면 문제없이 빌릴 수 있기 때문에 생활 자체를 하기 어려운 상태는 아닐 것이다.

세상을 보면 이 '경제적 신용'만으로 '자신은 신용이 있다'라고 만족하는 사람도 많은 듯하다. 그러나 여기서 멈추면 앞으로의 시대 변화에서 '신용이 없다'라는 상태에 놓여 있을 지도 모른다.

어떤 환경변화가 기다리고 있을지도 모르는 앞으로의 시대는 점

개인 신용의 3가지 레벨

마이너스	LEVEL 1	**경제적 신용이 없다** 생활하기 어려운 상태
스탠더드	LEVEL 2	**경제적 신용이 있다** 생활 자체는 문제없이 할 수 있다
플러스	LEVEL 3	**인간적 신용이 있다** 환경 변화가 있어도 자유롭고 여유 있는 생활을 할 수 있다

점 한 사람 한 사람의 '개인 신용'이 요구되는 시대가 되어 갈 것이라고 나는 생각한다. 개인으로서의 신용이 높으면 일하는 회사에 어떤 불상사가 있어도, 뜻밖의 일로 트러블에 말려들어도 비상사태에 빠져도 주위 사람들이 도와줄 것이다.

'생활자금이 필요하니 500만 원을 빌려 줬으면 좋겠다'는 경우나 '꿈을 이루기 위해 창업하고 싶으니 5,000만 원 대출을 원한다'라는 경우 최종적인 결정권을 갖는 것은 당신이 대기업에서 일하고 있는가, 주택담보 대출을 전부 갚았는가 등의 경제적 신용뿐만이 아니다. 최종적으로 효력을 발휘하는 것은 당신 자신의 인간으로서의 신용인 것이다.

자유롭고 여유 있는 생활을 보내고 싶다면 이 '인간적 신용'을 기르는 것이 필요하다. 경제적인 신용은 물론 자신의 신용을 꾸준히 쌓아가는 것에 의해, 신용 있는 사람에게 신용을 얻는 인간적 신용이 높은 사람을 목표로 하자.

돈은 자신을 비추는 거울. 인간적 신용이 높아진다는 것은 돈의 교양 STAGE가 올라간다는 것과 거의 같은 말이다. 인간적 신용이 높아지면 돈의 교양 STAGE가 STAGE 4, STAGE 5로 올라간 당신의 주위에는 마찬가지로 인간적 신용이 높은 사람이 모여든다. 이렇게 만들어진 동료는 당신의 인생에서 돈으로는 살 수 없는 몹시 커다란 존재가 될 것이다.

⑤
사회에 자신을
환원한다고 하는 것

    인생에는 여러 가지 선택지가 있지만 인생의 스타트에 관해서는 아무런 선택권도 없다. '왜 태어나야만 했는가'라고 생각해도 인생은 가차 없이 시작되어 계속 이어져 간다. 그리고 인생의 여러 가지 선택지의 하나로서 사람은 많은 것을 산다. 오랜 세월 동안 집과 차, 가구와 가전 등 신변의 대부분을 돈과 바꿔서 얻고, 그 물건들에 둘러싸여 살아가게 된다. 새삼스럽지만 집안을 빙 둘러 보자. 그 대부분이 당신이나 가족이 돈을 주고 손에 넣은 것이다. 그러나 그런 모든 것도, 돈도 죽을 때는 가지고 갈 수 없다.

  돈의 교양 STAGE가 낮을 때는 당장 생활을 하는 것에만 의식의 대부분이 향해 있다. STAGE 1이라면 당장 생활을 위해 일하고 돈이 모이지 않는 것을 고민한다. STAGE 2라면 원하는 것을 손에 넣고 미래의 불안을 불식시키기 위해 열심히 일한다.

그러나 STAGE 3, STAGE 4, 계속 STAGE가 올라가 당장 생활을 하는 데 불편함이 없고 원하는 것을 손에 넣을 수 있게 되면, 사람은 당장 생활만으로는 만족을 얻지 못하고, 한층 더 살아갈 의미를 찾으려고 한다.

이 물음에 답이 되어 주는 것이 돈의 교양 7번째 요소인 '사회환원'이다. 자신의 욕구를 충족시키는 것이 아니라, 주위 사람들을 위해서 돈을 쓴다. 주위 사람들을 위해서 뿐 아니라 더욱 많은 사람에게 도움이 되고자 한다.

이렇게 타인을 위해 돈과 시간, 경험, 기술을 사용하는 것에 의해 자신이 살아가는 의미를 확인해 간다. 자신이 태어난 의미를 자신이 만들어가는 STAGE로 들어가는 것이다.

'자기라는 자산'의
사회환원

시간, 경험, 기술. 이것들은 돈 이외에 당신이 사회에 제공할 수 있는 중요한 자산이다. 게다가 이 자산들은 STAGE가 올라감에 따라 가치가 더해져 간다.

1억 원 기부의 가치는 STAGE 1의 사람이 기부하든 STAGE 5의 사람이 기부하든, 받은 사람에게 있어서는 완전히 같다. 그러나

STAGE 1의 사람이 제공하는 경험이나 기술과, STAGE 5의 사람이 제공하는 경험이나 기술의 가치는 분명히 틀리다. STAGE가 높은 사람이 제공하는 경험이나 기술에는 돈으로는 측정할 수 없는 가치가 있다.

나는 돈이 아닌 '사람' 그 자체에 갖추어진 자산을 '자기라는 자산'이라고 부르고 있다. 물론 기부하는 것도 중요하고 직접 자원봉사하는 것도 중요하다. 그러나 상당한 재산이 있는 사람이 아닌 이상 제공할 수 있는 기부 금액은 한정되어 있다. 체력이나 시간도 마찬가지다. 아무리 젊고 체력이 있어도 시간적인 여유가 있어도 한 사람의 인간이 자원봉사로 제공할 수 있는 체력이나 시간에는 한계가 있다.

그렇다면 더욱 자신다운 형태의 '자산' 즉 '자기라는 자산'을 정확하게 파악하고 그것을 사회에 환원해 가자. 그편이 사회에 있어서 부가가치는 훨씬 크다. 그리고 그것은 직접적으로 당신의 살아가는 의미로 연결되어 가는 것이다.

자급자족과 경제 사회

이제 막 태어난 아기의 뇌에는 어른과 마찬가지로 이미 약 140억 개의 뉴런(신경세포)이 있다고 한다. 그러나 아기와 어른은 분명하게 뇌의 기능이 다르다. 이것은 성장과 함께 뉴런이 연결되어 퍼져 가기 때문이다.

뉴런이 연결되면 거기에 시냅스라고 불리는 이음매가 생긴다. 그리고 밖에서 얻어진 정보는 시냅스를 통해 다른 뉴런으로 보내진다. 이것이 반복하는 것으로 시냅스가 늘어나고 신경 회로가 촘촘해지면서 뇌는 발달해 간다.

경제도 마찬가지다. 자신이 만들어낸 가치를 돈과 교환한다. 거기서 얻은 돈을 다른 누군가가 만들어낸 가치와 교환한다. 이것이 경제 행위의 본질이다. 이 하나하나의 경제행위라는 뉴런이 복잡하게 서로 연결되고 지구 전체에 둘러쳐지면 경제라는 것이 생기는 것이다.

제3장에서 말한 대로 우리가 레스토랑에서 좋아하는 음식을 먹고, 집을 사고, 여행을 가는 인생의 자유를 손에 넣을 수 있는 것은 자본경제 발전의 은혜이다. 생활을 풍성하게 하려면, 경제가 더욱 발전하기를 원한다면, 한 사람 한 사람이 적극적으로 경제행위를 하고 뉴런을 연결해 가는 방법밖에는 없다.

그러나 현실은 어떤가?

많은 사람의 심층심리 가운데 '돈을 쓰는 것'에 대한 죄악감을 적잖이 가지고 있다. '돈을 가급적 쓰지 않을 것', '근검절약할 것'이 바르다고 한다면 경제 행위가 늘기는커녕 축소될 것이다. 당연히 자본주의 경제 발전도 바랄 수 없을 것이다.

최근에는 풍성한 생활을 위한 선택의 하나로 시골에서 자급자족하는 생활을 지향하는 사람도 늘고 있는 듯하다. 스스로 밭을 경작하고 농작물을 키우고 입는 옷도 최소한으로 줄이고 산에서 나무를 베어 와서 집을 고친다. 수입은 거의 없어도 살아갈 수 있는 자급자족은 도회지의 떠들썩함에 지친 사람에게 매력적으로 비칠지도 모른다.

그러나 경제 행위라는 관점에서 보면 사회에 대한 가치를 만들어 내지도 않고, 자신의 돈을 누군가가 만들어낸 가치와도 교환하는 일은 거의 없다. 결과적으로 세금도 거의 내지 않게 된다. 한편 공공 도로를 사용하고 건강보험을 사용하며 공적연금을 받는다. 심하게 말하면 경제에는 공헌하지 않음에도 공적 서비스의 은혜만을 받고 있는 것이 자급자족의 일면인 것이다.

자급자족이라는 말을 들으면 왠지 부럽다는 생각이 드는 사람도 적지 않을 것이다. 그러나 경제 사회에서는 자기중심적인 면이 있는 것은 부정할 수 없다.

자기중심적이어서는 인격은 자라지 않는다. 자급자족은 STAGE 1이나 STAGE 2에 속한 사람의 도원향桃園鄕에 지나지 않는다. 진정한 의미에서 충실한 인생을 살고 싶다면 자기 완결하는 것이 아니라 '사회에 대해 무엇을 환원할 수 있을까?'라는 시점을 가졌으면 한다.

자산을 사회에
돌린다는 사회환원

경제적으로도 심리적으로도 풍성한 인생을 보내기 위해서는 돈이
나 자기라는 자산을 혼자만 가지고 있지 말고 적극적으로 사회에
환원해가는 자세를 가질 필요가 있다.

알제리의 카바일 족(알제리 북부의 해안 산악 지대에 사는 부족 -역자
주) 농부가 원숭이를 잡는 방법을 아는가?

방법은 간단하다. 그들은 호리병에 원숭이 손이 들어갈 정도의
구멍을 뚫고 그 안에 쌀을 넣는다. 그 호리병을 나무에 단단히 묶어
둔다. 밤이 되면 원숭이가 나무에 와서 호리병에 손을 집어넣고 쌀
을 움켜쥔다. 그대로 손을 빼려고 하지만 너무 좁아서 손을 빼지 못
한다. 움켜쥔 손을 펴면 손을 뺄 수 있는데 쌀을 먹고 싶다는 욕심
에 거기까지 생각이 미치지 못한다. 그리고 날이 밝으면 농부에게
생포되는 것이다. 이때 원숭이는 쌀을 꽉 쥔 채, 참으로 얼빠진 표
정을 짓고 있다고 한다.

눈앞의 돈을 놓지 않기 위해 필사적이면 이 원숭이와 마찬가지로
본질을 잃어버린다. 현상을 지키기 위해 필사적이면 넓어져야 할
가능성을 스스로 제거해 버릴지도 모른다.

자신이 가지고 있는 돈이나 자신의 자산을 자신만이 가지고 있지
말고 계속해서 사회에 환원해 가자. 이것들은 반드시 경험이라는

피와 살이 되고, 소중한 신용이 되고, 풍성한 마음이라는 돈으로 살 수 없는 가치가 되어 당신에게 되돌아올 것이다.

사람들에게
요구되는 시간

STAGE 5가 되면 돈은 공기와 같은 존재가 되어 시간을 자유롭게 쓸 수 있게 된다. 돈의 교양 STAGE가 올라가면 '바쁘다'라는 상태에서 해방되어 자유롭게 쓸 수 있는 돈, 자유로운 시간을 많이 가질 수 있다. 제5장에서 그렇게 말했다.

자기 마음대로 돈과 시간을 쓸 수 있다면, 결과로서 돈이나 시간으로 뭔가를 판단하지 않게 된다. 눈앞에 물에 빠진 사람이 있으면 즉시 구하려고 한다. 열심히 뭔가를 잡고 일어나려는 아기를 보면 마음속으로 응원을 보내고 싶어진다. 시들어가는 식물을 보면 물을 주고 싶어진다. 이것이 인간의 본능이라는 것이다.

자기의 일에 치여, 일상생활에서 이러한 본능을 죽이기 쉬운데, 경제적 심리적인 여유가 있으면 이러한 본능에 충실하게 살 수 있다. '일했다면 돈을 벌 수 있는 시간인데 아까워', '이야기를 들어주고 싶은데, 밥값이 드는군' 등 타산적으로 생각하지 않고 시간과 돈을 기꺼이 다른 사람을 위해 사용할 수 있게 된다.

상상해 보기 바란다. 그렇게 되었을 때 당신은 무엇을 살아갈 원

동력으로 할 것인가? 어떤 일에 살아갈 의미를 발견할 것인가?

처음에는 번 돈이나 자유로운 시간을 모두 자신을 위해서만 쓰는 것도 즐거울 지도 모른다. 그러나 제3장에서 매슬로우의 욕구 5단계설을 바꿔서 논했던 것처럼 자기실현 욕구의 위에는 사회환원 욕구가 있다. 아마도 대부분의 사람이 돈이나 시간을 자신을 위해서 뿐만 아니라 다른 사람의 성장이나 문화의 계승을 위해 사용하고 자신이 가지고 있는 경험이나 기술을 아낌없이 사회에 환원하는 것으로 자기가 살아갈 의미를 최대화하고 싶다고 생각할 것이다.

과거의 위인들 모두 피와 땀 흘려가며 노력한 결과 얻어진 연구의 공적이나 풍성한 사상을 후세에게 물려주어 왔다. 우리가 편리한 기기에 둘러싸여 생활할 수 있는 것도, 명저를 읽고 마음에 자양분을 얻을 수 있는 것도, 학문을 체계적으로 배울 수 있는 것도, 모두 과거에 살았던 사람이 돈이나 시간을 써서 얻는 것을 계속해서 물려주었기 때문이다.

당신도 지금 이 바통을 넘겨받은 것이다. 지금까지의 인생에서 당신의 돈이 많아지고 시간적 가치가 높아졌다면 지금까지의 경험이나 판단이 옳았다는 말이다. 그것들을 다른 사람에게 전하는 것은, 전해 받는 상대에게 있어서 가치 있는 일이다. 자신이 경험한 것을 다른 사람이나 사회에 순화시키는 일에 자신의 돈과 시간을 쓰는 것이다.

꿈과 기쁨을 주는 것을 평생의 일로 삼은 디즈니의 창업자 월트 디즈니는 "주는 것은 최고의 기쁨이다. 다른 사람의 기쁨을 선택하는 사람은 그것에 의해 자신의 기쁨과 만족을 얻을 것이다"라고 말했다고 한다. 미국의 사회복지 활동가 헬렌 켈러도 "인생은 흥분으로 가득 차 있습니다. 가장 흥분할 때는 다른 사람을 위해 살 때입니다"라는 말을 남겼다.

다른 사람들이 자신을 원하고 필요로 하는 것만큼 기분 좋은 일은 없다. 이것이야말로 인생을 풍성하게 하기 위해 돈으로 살 수 없는 궁극의 사치라고 할 수 있다.

돈 쓰는 법을 보면 그 사람의 인격이 나타난다고 말했는데, 돈이 공기 같은 존재가 되고 자유로운 시간이 늘면 필연적으로 사회환원을 위해 돈을 사용하게 된다. 인격을 위해 의식하여 돈을 쓰지 않아도 돈이 인격을 키워준다.

돈의 교양 STAGE를 높이는 것은 인생에 있어서 더할 나위 없이 소중한 자신의 인격을 키운다는 것이다.

맺음말

　내가 '돈의 교양'이라는 사고를 제창하기 시작한 것은 10년 전인 2006년의 일이다. 그 후 2008년 9월에『돈의 교양』을 출판했다.

　지금은 약간의 '교양' 붐이 일고 있지만 당시는 '교양'이라고 하면 식사 모임 등 사교의 장에서 말할 수 있는 문화나 역사에 관한 지식이라는 인식이 일반적이었다. 이 때문에 인터뷰 등에서도 사람들은 "돈과 교양이 관계가 있나요?"라고 물으며 의아한 표정을 짓거나 돈을 불리기 위한 지식이나 노하우를 들을 수 있다고 착각하는 경우가 많았다는 것을 기억하고 있다.

　그로부터 약 8년. 최근에서는 '돈의 교양'이라는 말이 전혀 위화감 없이 사회에 녹아들게 되었다. 이와 연동하듯이 파이낸셜 아카데미 강좌의 수강생 수도 크게 늘었다. 당시 월간 100명 정도였던 입문 강좌 '돈의 교양 강좌'의 수강생 수는 최근 월 3,000명을 넘을 정도가 되었다. 그만큼 '돈의 교양'을 배울 필요성이 생겼다는 증거라고 할 수 있다.

'돈의 교양'은 돈을 불리기 위한 지식이나 노하우가 아니다. 나는 이것을 'Finance as Liberal Arts'라고 정의한다. 리버럴 아츠Liberal Arts란 자신의 인생을 자유롭게 구가하기 위해 없어서는 안 될 '기초학문'이다. 구미에서는 어린 시절부터 아트art와 사이언스science를 축으로 리버럴 아츠를 폭넓게 배우고 있으며, 자기 삶의 방식이나 아이덴티티에 대해 자유롭고 주체적으로 생각할 수 있는 교육이 시행되고 있다.

그러나 우리나라는 어떤가? 이 책에서도 3번에 걸쳐 경종을 울렸지만 학문교육·직업교육에 편중하고 있는 우리나라에서는 삶의 본질을 묻는 기초학문에는 거의 시간을 들이지 않았다. 이렇게 어린 시절부터 축적된 교육의 결과가 지금의 구미인과 우리와의 라이프스타일이나 인생관, 그리고 거기서 비롯된 행복감에 커다란 차이를 만들었다.

　이 책의 명제는 '돈이란 무엇인가?'이지만, 거기에 '정답'은 존재하지 않는다. 백인백색, 세계에는 70억 명의 사람들이 있으니 70억 개의 대답이 존재할 것이다. 그러나 이 명제를 추구하는 것에 의미가 없는 것은 아니다. 왜냐하면 이 명제에 대한 논의가 활발하게 행해지는 것에 의해 많은 사람이 '돈'이라는 축을 통해서 사회를 파악하게 되고 이 축이 어그러져서 일어나던 사회문제를 해결할 수 있기 때문이다.

　솔직히 이 책에 쓴 모든 내용에 사람들이 찬성하리라는 확신은 없다. 그러나 생활이나 삶과 떼려야 뗄 수 없는 '돈'이라는 것에 대해 원론이 없는 상태로 시대가 흘러가는 것에 커다란 위기감을 느끼고 있다. 부디 한 명이라도 많은 사람이 이 논의에 참여하기를 바란다. '돈이란 무엇인가?'라는 논의가 활발해지는 것이야말로 '돈의 원론'(원서의 제목. お金原論 - 편집자 주) 확립의 유일한 길이고 나의 기쁨이기 때문이다.

Think Money, Think Life.

이제 200년간 원론이 없었던 돈의 역사에 새로운 바람을 불러일으키자. '돈'은 언뜻 보기에 무기질적인 측면이 있기 때문에 대체 그 본질은 무엇이냐는 '원론'을 리버럴 아츠와 함께 생각하는 의의는 크다. 그리고 이것들의 유기적인 통합이야말로 현대에 있어서 최적의 해답으로 인도하는 것이라고 믿어 의심치 않는다.

파이낸셜 아카데미 그룹 대표
이즈미 마사토

돈이란 무엇인가
お金原論

초판 1쇄 인쇄 2017년 11월 15일
초판 4쇄 발행 2017년 12월 15일

지은이 이즈미 마사토
옮긴이 장현주

펴낸이 최남식
마케팅 전현영, 고광정, 채규선, 최병호

펴낸곳 오리진하우스 **출판등록** 2010년 3월 23일 제313-2010-87호
주　소 인천광역시 서구 고산후로121번안길 28 , 206호
전　화 02-335-6612 **팩　스** 0303-3440-6612
이메일 originhouse@naver.com **홈페이지** http://www.originhouse.co.kr
블로그 blog.naver.com/originhouse

한국어판 출판권ⓒ오리진하우스, 2017
ISBN 979-11-88128-04-4 03320 : ₩15000

이 도서의 국립중앙도서관 출판예정도서목록(CIP)은 서지정보유통지원시스템
홈페이지(http://seoji.nl.go.kr)와 국가자료공동목록시스템(http://www.nl.go.kr
/kolisnet)에서 이용하실 수 있습니다.(CIP제어번호: CIP2017028969)